Maite G. Bayona

CONQUISTA TU FELICIDAD

un viaje a tu interior para
encontrar la dicha duradera

EDICIONES OBELISCO

Colección Nueva Conciencia
CONQUISTA TU FELICIDAD
Maite García Bayona

1.ª edición: marzo de 2010

Maquetación: *Mariana Muñoz Oviedo*
Corrección: *M.ª Jesús Rodríguez*
Diseño de cubierta: *Enrique Iborra*

© 2010, Maite García Bayona
(Reservados todos los derechos)
© 2010, Ediciones Obelisco, S. L.
(Reservados los derechos para la presente edición)

Edita: Ediciones Obelisco, S. L.
Pere IV, 78 (Edif. Pedro IV) 3.ª planta, 5.ª puerta
08005 Barcelona - España
Tel. 93 309 85 25 - Fax 93 309 85 23
E-mail: info@edicionesobelisco.com

Paracas, 59 C1275AFA Buenos Aires - Argentina
Tel. (541-14) 305 06 33 - Fax: (541-14) 304 78 20

ISBN: 978-84-9777-626-4
Depósito Legal: B-5.595-2010

Printed in Spain

Impreso en España en los talleres gráficos de Romanyà/Valls S.A.
Verdaguer, 1 - 08786 Capellades (Barcelona)

A mis padres
Cómo devolveros todo el cariño…

*Un viaje de mil millas
comienza por un simple paso.*
PROVERBIO CHINO

*La luz que buscas está en tu interior,
así que la búsqueda será interna. No se trata de realizar un
viaje hacia algún destino del espacio exterior;
es un periplo hacia el espacio interior. Has de alcanzar tu
núcleo; eso que buscas ya está dentro de ti,
sólo tienes que pelar la cebolla.
Hallarás capas y capas de ignorancia;
el diamante está oculto en el fango.
El diamante no ha sido creado, ya estaba allí,
y sólo hay que apartar las capas de fango [...] Sólo hay que
hallar la llave. El tesoro ya está ahí, cerca.*
OSHO,
sabio y místico hindú (1931-1990)

*¿Hay algo más allá de la confusión,
la miseria, la oscuridad, las ilusiones...?
¿Hay algo realmente verdadero, algo más allá del tiempo,
algo tan inmenso que el pensamiento no puede abarcarlo?
[...] Muy pocas personas han sido libres
para entrar en ese mundo.*
JIDDU KRISHNAMURTI,
sabio y místico hindú (1895-1986)

Prólogo de la autora

*Es una gran alegría darse cuenta de que el camino
de la libertad que han recorrido todos los budas existe
siempre, sin cambiar jamás, y que siempre está abierto.*

JE GAMPOPA,
físico y maestro tibetano (1079-1153)

Me gustaría que este libro que tienes en tus manos te abriese
las puertas a un mundo nuevo. El mundo en el que vivimos
no es el único que existe, hay muchas puertas que podemos
abrir, y detrás de cada una de ellas podemos encontrar universos maravillosos. Basta con que sepamos imaginarnos
esa nueva realidad y creamos que es posible hallarla.

En la sociedad occidental en la que vivimos nos hundi-
mos cada vez más en el pozo de la ansiedad y la insatisfacción, parece que tener más a nivel material es inversamen-
te proporcional al vacío que estas cosas dejan en nuestro
ser. Muchas personas son conscientes de que tienen que
buscar en su interior para hallar lo que necesitan, y se
embarcan en la búsqueda de algo espiritual, pero aun así
les cuesta mucho sacudirse la insatisfacción de su alma.
Nuestra moderna forma de vivir, con tantas comodidades,
nos aparta cada vez más de las cosas que de verdad impor-
tan. La gran ignorancia es no darse cuenta de que perder
el contacto con nuestra humanidad es lo que nos lleva a

sentir ese vacío. Al aumentar nuestro egoísmo y ansia por tener, dejamos de tener en cuenta a los demás, nos cuesta interesarnos por ellos, escucharles y compartir un tiempo de calidad. Nos resulta difícil pensar un poco en su bienestar y no sólo en el nuestro. A veces sólo miramos a las personas para ver en qué pueden sernos de utilidad o qué podemos obtener de ellas, lo cual nos aleja definitivamente de nuestra bondad natural y de nuestra capacidad para ser felices. El contento interior está más relacionado con el hecho de poder hacer felices a otros, que con el hecho de obtener provecho de ellos.

Piensa en cuáles son las personas más felices que conoces. Seguro que no son las más ricas, ni las más poderosas, ni las que tienen el mejor trabajo. Las personas que parecen disfrutar más de esta vida y sentirse más vivas son las que, de una u otra forma, se dedican a ayudar a los demás. Piensa en los mejores días de tu vida; seguro que estabas haciendo algo por alguien. Los seres humanos necesitamos sentirnos útiles para los otros. Nuestra existencia cobra sentido cuando podemos reconfortar a una persona que está en una situación vulnerable y le hacemos sentir que tiene un punto de apoyo y que puede confiar en la vida.

Una vez oí una historia sobre una persona que en una catástrofe había perdido a toda su familia y que años después relataba que lo único que le había salvado del abismo era irse a un país del tercer mundo a ayudar a gente que lo necesitaba. En otro caso, una mujer que también perdió a su familia (marido y dos hijos) en un accidente de tráfico, pudo recuperar el sentido de la vida ayudando a personas que como ella habían sufrido ese tipo de desgracias. Y así podríamos describir miles de casos. La vida lleva a algunas personas, después de estar sumidos en un gran sufrimiento, a comprender que ésta aún puede tener sentido si abren su corazón a los demás.

La verdadera sabiduría surge al ponernos en contacto con nuestro ser interior; al hacerlo se activan una serie de cualidades que todos llevamos dentro y que son las que dan sentido a la vida: la alegría, la paz, la creatividad y el amor. Vivir de espaldas a los demás, ocupados cada día solamente en tener más y en ser los mejores nos aleja de esa esencia interior y hace imposible que nuestra vida sea satisfactoria. Aunque hayamos acumulado riquezas materiales, poder, o tengamos una gran reputación, esto no conseguirá quitarnos la sensación de que nos falta algo. Vivir en contacto con nuestro ser más esencial es el secreto, pero necesitamos saber cómo llegar a hacerlo y cómo abrir nuestro corazón a los demás. Éste es el camino que voy a intentar mostrarte en este libro.

Este libro nació de una necesidad de comunicar a los demás las cosas que en mi camino vital me han llevado precisamente a experimentar un estado de mayor conexión con mi ser interior y, por consiguiente, han aportado más paz y alegría a mi vida. Necesitaba plasmar lo que para mí es una forma estructurada de llegar a una realidad más auténtica y menos mental. Los pasos que podemos dar para acercarnos a los demás y abrirnos a vivir de verdad al único momento que existe: el presente. Mi propia personalidad, muy mental, me ha servido para darme cuenta de que la mente puede ser un gran aliado para impulsarnos a alcanzar el estado consciente, pues es ella la que razonando puede llegar a saber que hay algo más allá de sí misma pero, dado su potencial infinito, es también un arma de doble filo, y si no la domesticamos mediante la atención consciente se puede convertir en un gran enemigo que precipite nuestra vida hacia las tinieblas de la inconsciencia. Si tomamos el camino del medio, utilizaremos ese potencial mental para impulsarnos hacia una realidad donde ya no somos esclavos de nuestra mente y podemos experimentar la felicidad duradera que anhelamos.

En este viaje partimos del mundo de nuestra mente, donde vivimos aislados de los demás, para llegar a un destino que he llamado Mundo Real donde estamos despiertos a la realidad que está ocurriendo, y donde podemos sentir la conexión que nos une con los demás y con todo el universo. Al desconectar la mente se descorre la cortina de nuestra ignorancia y queda al descubierto un mundo que siempre ha estado ahí, pero que nos perdemos al estar sumidos en nuestros razonamientos y preocupaciones. En ese momento surge de nuestro interior una alegría que no se desvanece a pesar de las circunstancias cambiantes.

El Mundo Real es un estado de conciencia espaciosa que aparece después de realizar un trabajo interior personal que nos lleva a comprender que todo lo que deseamos ya está aquí. Esta tierra prometida de felicidad no es una quimera; a veces llevamos tanto tiempo sintiéndonos miserables que hemos olvidado que es posible ser felices aquí y ahora. Podemos aprender a que las cosas no nos afecten tanto, si comprendemos los mecanismos del sufrimiento. Podemos aprender técnicas para manejar nuestro dolor, comprender su naturaleza y ver que existe un camino para salir de él. Se pueden cultivar técnicas para alejarnos de las tendencias negativas de nuestra mente y para eliminar la ofuscación mental que nos hace percibir un mundo siniestro. La capacidad para ser felices sólo está en nosotros y no en los objetos o personas que nos rodean. Unas actitudes nos acercan a ser felices y otras nos alejan de serlo. Podemos aprender a desarrollar las conductas que nos hacen sentirnos dichosos, y abandonar las que nos hacen sentirnos desgraciados. Pero es vital que comprendamos que tenemos que poner algo de nuestra parte para ser felices. Nadie puede hacer nada por nosotros, éste es nuestro viaje, las personas y los hechos nos acompañan pero no nos determinan. Sólo nos determina nuestra actitud. Es por este motivo que el viaje hacia nuestro interior no tiene una duración determinada, sólo depende del esfuerzo que invirtamos.

Empezaremos el camino restableciendo el equilibrio entre cuerpo y mente (nuestro vehículo) y aprendiendo a emplear nuestra energía de forma que no derrochemos nuestro potencial de bienestar. A continuación detallaremos los caminos que conducen a nuestro objetivo. Para continuar definiremos cuál es la actitud que nos permitirá empezar a gozar del viaje desde su inicio. La parte central del libro es la travesía, la práctica de dejar atrás la mente con todos sus problemas; cosas concretas que podemos realizar cada día para acceder al Mundo Real, a la dicha del momento presente. Seguidamente, señalaremos el equipaje que supone un verdadero lastre y que tenemos que dejar atrás, y conoceremos lo más importante que tenemos que llevar con nosotros si hacemos ese viaje: nuestro buen corazón. La forma de recorrer el camino sembrando las semillas adecuadas, que se detalla más adelante, es lo que nos permitirá cosechar una vida más calmada y feliz. Y, en la última parte, describiremos los diferentes estados del ser, el estado de conciencia al llegar al final del viaje: el Mundo Real.

No obstante, tener conocimientos y no aplicarlos no nos ayudará. Hemos de estar dispuestos a hacer cambios en nuestra vida. Como se dice popularmente, si queremos diferentes resultados, no sigamos haciendo las mismas cosas. Lo único que nos salvará de la insatisfacción y hará que nuestra vida recobre el sentido es actuar de acuerdo con ese conocimiento.

La gran cantidad de libros que encontramos hoy en día en el mercado, que nos muestran el camino hacia la felicidad, demuestra el creciente número de personas que buscan; no obstante sólo llegarán a un nivel más elevado de conciencia los que estén dispuestos a aplicarse. A veces el camino puede volverse tan arduo que nos sentiremos tentados a abandonar, pero resistir es ganar.

Mi intención fundamental al escribir este libro es que te des cuenta de que existe un potencial dentro de ti, una capacidad innata para sentirte bien. El monje ascético se va a la montaña para vivir su vida en soledad durante años alimentándose básicamente de desarrollar ese potencial. ¿Cómo podría ser esto posible si no tuviésemos esa aptitud para sentir el éxtasis dentro de nosotros? El don de sentir en nuestro interior, lo que algunos llaman Dios y otros llaman paz, gozo, o felicidad, está en todos y cada uno esperando ser desarrollado. En esencia, nada te diferencia de un monje ascético; tú también puedes llegar a sentir esa paz. La única diferencia es que gracias a su práctica él ha llegado a sentir la plenitud y sabe que ese potencial existe en su interior.

Hace muchos años empecé a leer libros de espiritualidad. Recuerdo que mi primer libro fue *Lo que sé de mí* de Shirley MacLaine. Ahí fue donde oí por primera vez aquello de *«conócete a ti mismo»*. En ese momento no entendí en absoluto lo que eso significaba. Ahora te propongo que mires en tu interior y te embarques en la aventura de conocerte a ti mismo, pero dándote las herramientas necesarias para alumbrarte en el camino. Después de pasar a un nivel más consciente tras depurar la mente de numerosas capas de negatividad, hallarás en tu interior el tesoro más preciado. Ningún tesoro material podría compararse a la riqueza que se encuentra dentro de ti. No obstante, necesitamos constancia diaria, perseverancia y disciplina, pero eso no es nada comparado con lo que podemos conseguir.

En definitiva, este viaje interior pretende ser un método práctico para aplicar en nuestra vida cotidiana, mediante el cual nuestra mente se calme, dejando así al descubierto sus cualidades innatas de paz y claridad. Descansar la mente, ir más allá de nuestra actividad mental, y darnos espacio interior es lo que nos permitirá sentir paz y felicidad duraderas.

No existen métodos rápidos hacia la felicidad. Aclarar la mente lleva su tiempo, dejar atrás la confusión mental requiere mirar hacia dentro y observar profundamente nuestras actitudes mentales para poder escoger las que son mejores para nosotros.

Nada ni nadie te está robando la felicidad, son sólo tus percepciones erróneas de las cosas y de las personas las que te causan sufrimiento. Es tu propia mente, con sus proyecciones falsas sobre objetos y personas, la que se convierte en tu enemigo. Vamos a investigar en nuestro interior para descubrir que nuestra insatisfacción y desesperación provienen de nuestra mente. Los problemas surgen de nuestra mente distorsionada pero no están en nuestra conciencia. En las profundidades de nuestro ser consciente sólo hay paz.

Al llegar al Mundo Real de la plena conciencia nos daremos cuenta de que la vida no iba sólo sobre nosotros, empezaremos a ver también a los demás y sus necesidades. Al llegar al fondo de nosotros mismos, paradójicamente, habremos salido de nuestro propio egocentrismo y estaremos salvados. Allí sentiremos que lo que buscábamos siempre había ido con nosotros. El viaje hacia la felicidad es siempre interior y nadie lo podrá hacer por nosotros.

MAITE G. BAYONA

Prólogo de J. A. Bayona

Un amigo se acerca y me tranquiliza: «Es muy sencillo, no estés preocupado… eso sí, una visitita al lavabo no te la quitará nadie justo antes de entrar». Y ahí me encuentro yo, con las piernas temblando haciendo la visita al lavabo. No puedo alargar más el momento, así que me decido a entrar finalmente a la misma aula que tantas veces había ocupado antes. Hay una pequeña diferencia esta vez. No estoy sentado de cara a la pizarra, estoy de pie frente a ella y ahora hay cuarenta personas mirándome, esperando con atención que yo les enseñe. «Que les enseñe, QUÉ?», me repito una y otra vez. Me observan intrigados. Intento romper el hielo con un par de bromas: «Qué tal chicos, aunque no lo parezca por mi tamaño soy vuestro profesor…». Nadie ríe. Ahora sus caras de extrañeza son aún más exageradas. Así que me dirijo rápido a los papeles que había preparado y comienzo la clase siguiendo la chuleta.

Fui alumno de la Escuela de Cine de Catalunya durante cuatro años y más de otros tantos fui profesor. Ahora es una práctica habitual pero entonces era yo el primer alumno que cruzaba la distancia entre los pupitres y la pizarra. Dar clases empezó como una de las experiencias más difíciles y terminó siendo una de las más gratificantes que recuerdo. Estoy seguro que aprendí mucho más de cara a los alumnos que atendiendo a los profesores que allí me instruyeron –sin intención de desmejorar a nadie, muchos de ellos fueron maravillosos y fundamentales para mí.

Siempre vi muy complicado enseñar un arte cuya base es la creatividad, así que empezaba todos los cursos con un par de avisos: «Yo no voy a enseñaros nada, lo aprenderéis vosotros», y el más importante, «No me hagáis caso de nada». Yo no quería formar a los próximos Almodóvar o Amenábar. Mi propósito era que cada uno encontrara su camino, el auténtico. Sólo de esa manera el resultado de su trabajo podría llegar a ser genuino.

El mismo amigo que me avisaba de los nervios que pasaría antes de empezar mi primer curso me enseñó algo que yo aprendería sobre la práctica: que los profesores más duros eran los mejores. Así que siempre intenté forzar un poco las situaciones, rascar con más fuerza allá donde veía que había talento.

A medida que avanzaba el curso me fui dando cuenta de que cuanto menos me preparaba las clases y más me dejaba llevar por aquello que me había conducido hasta ahí –mi pasión por contar historias con la cámara– más disfrutaban los alumnos. Y así encontré la gratificación no en recibir las clases, sino en darlas, pues vivía la sintonía con los alumnos, así como sus pequeños éxitos, con tanta pasión, si no más, como las propias victorias.

El desapego, la enseñanza tomando los caminos más difíciles, el encontrarse uno mismo, descifrar el significado último de las cosas… Después de leer este libro, al echar la vista atrás, advierto cuántas de estas ideas y conceptos –a los que di vueltas en aquellas aulas– están en sus páginas.

Es este quizá el libro de texto más importante al que podría haberme remitido a la hora de dar mis clases, pues en el fondo yo aplicaba mis conocimientos sobre la única materia que no podía explicar: la vida. Y me sucede otra cosa, al repasar las páginas se me ocurren cientos de historias, de ideas que llevar a la ficción, pues era la vida lo que yo intentaba que los estudiantes llevasen hasta la pantalla con el mayor entusiasmo, y este libro es un amplio y ordenado catálogo de situaciones, sentimientos, aspiraciones y complejos con los que es fácil identificarse.

Hay también mucho de entusiasmo en esta completísima guía que ha elaborado con pasión y mucho amor Maite G. Bayona. Es difícil resistirse a la honestidad con la que se propone sacarnos la máscara y hacernos ver que sólo nos falta la luz que nos guíe para poder ser todo lo que queramos.

He crecido junto a Maite, mi hermana, en todos los aspectos que uno pueda imaginar. Y verla redactar este libro, en uno de los momentos más difíciles de su vida, ha sido impresionante. Como todos los grandes viajes, ha sido una travesía en solitario, en donde ella ha hecho de este libro su itinerario y su conquista al mismo tiempo. Como ella misma afirma, es preciso que todos los muros se derriben para construir tu coraza definitiva. Ella no sólo ha resistido todos los envites sino que ha resurgido más fuerte que nunca. Es este libro su más poderosa arma y su más valioso tesoro.

Maite G. Bayona ha afrontado la responsabilidad de mirarnos a la cara y enseñarnos el trayecto para que aprendamos. Te recomiendo que te dejes llevar por la lectura. En cuanto menos te los esperes, te verás formando parte de este mundo que es el suyo y es el tuyo al mismo tiempo, que no es contemplativo sino participativo, en el que asimilarás tu rol de creador a la vez que creación, y en el que, tomando sus lecciones, te encontrarás sin darte cuenta dando tanta felicidad como la que acabarás recibiendo.

J. A. Bayona

INTRODUCCIÓN

La liberación depende de nosotros mismos.
No existe ninguna posibilidad de que nos liberen los demás,
del mismo modo que nadie puede detener el sueño
de una persona dormida.
LONGCHENPA,
maestro budista (Tíbet, 1308-1363)

Las razones de nuestra infelicidad

La auténtica felicidad es la paz interior.
S. SANTIDAD EL 14.º DALAI LAMA
(Tíbet, 1934)

Si has cogido este libro es que estás buscando la felicidad. Quizás te sientas medianamente feliz, pero interiormente sientes que debe haber algo más. Puede ser que después de haber conseguido algo que deseabas te hayas dado cuenta de que no ha satisfecho tus expectativas y que sigues sintiendo un vacío. Quizás acabas de empezar tu búsqueda o ya llevas mucho tiempo indagando, sin embargo la paz interior aún te parece muy lejana. Sea como sea, me gustaría que te embarcaras conmigo en este viaje, si lo que has hecho hasta ahora no te dado aún resultado. Vamos a averiguar por qué aún no has conseguido estar en paz.

Puede que hayas leído muchos libros de crecimiento personal, que hayas asistido a cursos de relajación, de meditación, de crecimiento personal, y aún no sepas cómo enderezar o encauzar tu vida. Pero buscar está bien, porque en realidad es la única manera de averiguar que no hace falta buscar nada. Lo que buscas está ahí contigo, y siempre lo ha estado. Lo único que necesitas es darte cuenta. La lección más importante que aprenderemos es que no tenemos que esperar a que llegue nada externo a nosotros, tener la capacidad de disfrutar del momento presente es el verdadero tesoro.

El viaje al Mundo Real puede ser muy corto o muy largo. Puede ser muy corto porque se encuentra aquí, donde estamos ahora, ya que nos conectamos al Mundo Real a través del mundo más inmediato. Cada momento del día, cada respiración que damos nos puede llevar al Mundo Real. No necesitamos marcharnos de nuestra ciudad ni de nuestro vecindario. El Mundo Real está ahí cuando nos sentimos vivos al respirar, caminar, sonreír o tomar nuestros alimentos. Pero si no nos damos cuenta de eso que tenemos tan cerca, podemos pasarnos toda la vida viajando y tener la sensación de que nunca llegamos.

Somos los habitantes de un mundo irreal que creamos con nuestros pensamientos. No importa lo extensas que sean nuestras posesiones, en ese mundo nos pasamos la vida anhelando algo más; siempre creemos necesitar más. Inconscientes de lo que nos rodea, miramos sin ver, oímos sin oír, no percibimos olores ni sabores. A pesar de estar tan cerca, el Mundo Real se halla a años luz de nosotros. Pero si podemos llegar a percibir las cosas bellas que nos rodean en este instante podremos ponernos en contacto con esa vida verdadera. En nuestro mundo irreal se nos va la vida en el intento de prepararnos para vivir. Invertimos todo nuestro sacrificio en conseguir diplomas, un trabajo reconocido, casas, coches y una buena reputación, pero ese esfuerzo para conseguir ser felices es en vano, porque la insatisfacción es la naturaleza de la mente. Al conseguir lo que queríamos seguimos sin estar satisfechos con nuestra vida. Pero aún podemos buscar la paz y la felicidad allá donde de verdad se encuentran. No perdamos nuestro precioso tiempo.

Este libro es una completa maleta con la que te prepararás para un viaje que ya has emprendido sin saberlo. El lugar de partida es el mundo de la mente donde habita el descontento, y el lugar hacia donde partimos es una nueva realidad donde un estado de conciencia más elevado nos permitirá disfrutar del cielo azul y del aire que respiramos. Allí tendrás la más importante de las revelaciones: la recompensa no está solamente al final del camino, el propio viaje ha de ser para ti desde este momento un disfrute continuo.

El porqué del viaje

La meditación da sabiduría.
La falta de meditación trae ignorancia.
Piensa qué te hace avanzar y qué te retiene:
elige el camino de la sabiduría.
DHAMMAPADA,
obra magna de la literatura budista india

Seguramente nos hemos preguntado alguna vez el sentido que tiene nuestra vida. ¿Por qué estamos aquí? ¿Por qué tanto sufrimiento? ¿Para llegar adónde? ¿Por qué tenemos que llegar a algún sitio diferente de donde ya estamos? Todas estas preguntas encuentran una respuesta cuando nos ponemos en contacto con nuestra humanidad, con el corazón que ama y se lo ofrecemos a los demás. Ése es el sentido de la vida; hallamos la plenitud en contacto con nuestro corazón amoroso.

Llegar a nuestro propio corazón es el viaje de la vida. La expansión de nuestra conciencia nos lleva hacia ese corazón. Sin evolución espiritual no llegaremos a ponernos en contacto con la paz, el amor y la alegría del corazón. Para ilustrar esto me sirve la historia del pez que nunca pensó en el mar hasta que lo sacaron de él. Al ponerse en contacto con la sequedad de la arena empezó a morir y a anhelar lo que tenía. Siempre vivió en el mar pero nunca fue consciente de él; ahora sabía que existía algo fundamental para su existencia, pero tuvo que perderlo para saber lo que era. Es la expulsión de Adán y Eva del paraíso. Dicen los sabios que el ser humano tiene que perder el paraíso para entender su belleza. Para saber que somos divinos primero hemos de perder nuestra divinidad y salir en busca de ella. Perder nuestra divinidad significa perder el sentido de lo que somos. Nuestra sociedad civilizada ha perdido la dimensión del espíritu y con ella el sentido de la vida. Nuestra sensación de vacío interior y de absurdo nos empuja a buscar lo que un día perdimos. Al devolver el pez al agua éste respira aliviado y conoce por segunda vez el mar, pero esta vez es consciente de él. Nosotros hemos de volver a conectar con nuestra fuente divina, con nuestro mar interior, para volver a una vida con sentido. A esa fuente o mar interior le hemos dado muchos nombres: esencia, alma, espíritu, yo interior, Ser, o en mi caso lo he nombrado el Mundo Real. Para llegar hasta él tenemos que abandonar nuestro ego o personalidad falsa, el puente que nos ayuda a llegar, pero que hemos de saber abandonar después de cruzarlo. Cuando dejemos atrás el puente, ya no tendremos más preguntas, ni confusión, ni problemas, ni dudas. La mente pensante es el puente sin el cual no alcanzaríamos el estado consciente, pero tenemos que ir más allá de ella porque si no ésta se convierte en nuestro verdadero problema.

El mundo irreal creado por nuestros pensamientos es el mundo de la inconsciencia. En este lugar el dolor de la vida, el sufrimiento que comporta vivir, nos puede servir como despertador para que nos demos cuenta de las cosas que son realmente importantes, las que nos llevan hacia ese corazón amoroso. Es el sufrimiento del pez el que le hace añorar el agua del mar que le nutre. El sufrimiento puede sernos útil si nos lleva a ser mejores personas, y a darnos cuenta de que no hace falta sufrir, porque en nuestro interior se encuentra un caudal que puede transformar toda nuestra pena en alegría.

Este viaje va a hacer que recuperes el sentido de la vida, por eso no deberías dudar en ponerte en marcha.

La felicidad no es una meta, es una consecuencia.
ELEANOR ROOSEVELT,
diplomática y activista (EE.UU., 1884-1962)

Nuestro mundo mental irreal: vivir en la inconsciencia

*Qué relámpago en la oscuridad es para el yo sumido
en las tinieblas de la ignorancia alcanzar
aunque sólo sea un poco de conciencia.*

Atisha,
maestro budista (Tíbet, 982-1054)

La felicidad no es una consecuencia de obtener algo deseado, ni de que nuestra vida sea perfecta, sino una cualidad de la conciencia, un cierto nivel de despertar que nos aleja de la negatividad y nos permite disfrutar de todos los momentos de la existencia, de las personas con las que vivimos y nos encontramos, y de las cosas que poseemos. Sin ese nivel de despertar no hay felicidad posible, vivimos en el sueño de la inconsciencia. Al estar dormidos, no percibimos la realidad tal y como es, sino que esa realidad está coloreada por las semillas de nuestro pasado. La percepción de las personas que vemos tampoco es real, porque las vemos a través de nuestro propio espejo mental distorsionado. Ellas no son ellas mismas, son nuestras propias proyecciones las que se reflejan irremediablemente en su comportamiento. Vemos en ellos nuestras propias cualidades escondidas o nuestros defectos reprimidos. Las circunstancias de nuestra realidad también reflejan el estado convulso en que se haya nuestro interior.

La única forma de salir del sueño de la inconsciencia es iniciar el camino del despertar de la conciencia. El alma deja de querer escapar cuando empieza a despertar. Es como el mendigo del camino que nombra Eckhart Tolle en *El poder del ahora*. Había pasado toda la vida apoyado en un cajón de madera dentro del cual se hallaban todo tipo de joyas y piedras preciosas, pero nunca había mirado dentro de él. Abrir el cajón es su despertar, desde ese momento sabe que ya nunca más tendrá que mendigar y que, de hecho, nunca lo había necesitado, lo único que le mantenía en la pobreza era su propia ignorancia.

El sueño de la inconsciencia está lleno de dolor, el dolor de la falsa identificación. Nuestra alma, confundida, se ha identificado con ideas sobre quién creemos ser, a menudo un ser que no da la talla. La identificación con ciertos pensamientos nos causa mucho dolor. Todos los seres humanos llevamos una buena carga de dolor emocional del pasado del cual intentamos huir adormeciéndolo con sustancias que nos calman temporalmente o con todo tipo de escapismos. Pero la inconsciencia no se combate haciendo ver que no está ahí, sino comprendiendo su naturaleza. Así como la luz deja al descubierto la no-existencia de la oscuridad, la luz de la conciencia deja al descubierto la no-existencia del mal sueño de la inconsciencia. El sueño del sufrimiento llega entonces a su fin.

El estado consciente nos permite vivir cualquier situación desde la paz interior, y nos da la capacidad de vivir saboreando la existencia. La conciencia nos permite volver al momento presente, y dejar de desear algo diferente que nos acabe de completar o llenar, pues ya nos sentimos llenos. Nada puede ser añadido a la sensación de plenitud. Podríamos poner un símil: desde un crucero de lujo con capacidad para cinco mil pasajeros no percibimos el fuerte oleaje. Disfrutamos del viaje porque el barco tiene las mejores condiciones para ello, tanto con buen tiempo como con alta marejada. Sin embargo, desde un pequeño bote todas las olas serán obstáculos, no podremos disfrutar del viaje, porque todos los movimientos del mar nos causarán incertidumbre y temor. Tu conciencia dormida viaja en bote en plena alta mar, el sufrimiento y el miedo están asegurados. Tu conciencia despierta viaja en un trasatlántico de lujo. El confort, la seguridad y el disfrute están a tu alcance.

Si quieres viajar por la vida con seguridad y disfrutando plenamente has de elevar tu conciencia. Toda tu vida mejorará. ¿O prefieres viajar en el bote pequeño?

La inconsciencia es el enemigo

El sabio considera la atención como su máximo tesoro.
DHAMMAPADA

Todo mal viene de la inconsciencia. La inconsciencia activa las semillas de nuestro mal *karma* que aún tenían que germinar. El karma es la ley de causa y efecto con la cual el universo equilibra las energías. Si pudiésemos mantener la plena conciencia todo el tiempo, lo cual es algo bastante difícil de lograr, nuestro mal *karma* quedaría «frenado» hasta que nuestro estado volviese a ser inconsciente. Poniendo un ejemplo para hacerlo más visual, si estamos en una habitación a oscuras no podremos ver si alguien intenta atacarnos, mientras que si encendemos la luz no será tan fácil que el atacante tenga éxito, pues lo veremos venir. De igual forma, la luz de la conciencia nos permite ver venir las cosas y evitarlas. Pero si apagamos la luz propiciamos que cualquier atacante al acecho pueda herirnos. El malhechor siempre busca la complicidad de la oscuridad. La inconsciencia es un estado de falta de alerta en el cual se vuelven a activar las semillas del mal que duermen en nuestro continuo mental. En la luz de la conciencia estamos protegidos.

Una persona inconsciente es un peligro público. El estado inconsciente de una sola persona puede ser una semilla que derive en un gran drama. Las personas inconscientes pueden llegar a cometer grandes atrocidades, las cuales su propia alma aborrecería en estado de lucidez. Pensemos en la cantidad de personas que salen a la carretera en estado de embriaguez y provocan accidentes que se cobran la preciosa vida de muchas personas, que son hijos, padres, amigos, hermanos de otras personas que quedarán desoladas de por vida. Un instante de inconsciencia es, entonces, el culpable de toda una vida de tristeza o depresión. Y aunque el culpable sea sentenciado a prisión, nunca podrá devolver la paz y la alegría a esas familias. La causa del drama es la inconsciencia profunda de conducir ebrio, y las consecuencias son la destrucción de las vidas de muchas personas para siempre. Y no sólo el alcohol, también la maldad o el sufrimiento intenso vuelven a una persona inconsciente. Deberíamos temer a la inconsciencia profunda como se teme al peor de los demonios.

Todas las personas que causan la muerte y el padecimiento de otras son inconscientes. Un alma evolucionada no causa dolor ni condena a otras. La inconsciencia nos pone en contacto con nuestro dolor profundo y ése nos impele a dañar a otros. Es un estado de miedo; en la inconsciencia nuestro ego se intenta proteger dañando a otros, ya que el ego es ignorante y sólo entiende de amarguras, las que él padece y las que provoca en los demás. Salir del nivel del ego es la única forma fiable de huir del dolor, aunque para atravesar ese vasto mar de pena e incomodidad la única forma posible sea atravesándolo a nado brazada a brazada.

La conciencia en todo su esplendor: el valor del perdón

> *El perdón te libera de la pesada carga*
> *de las experiencias del pasado.*
> *El perdón te libera de todas las ilusiones,*
> *incluida la ilusión del pasado. [...]*
> *Perdonar te ofrece paz interior.*
> RAIMON SAMSÓ,
> escritor (Barcelona, 1959)

El perdón es el reverso de la moneda, es la semilla que puede sembrar el bien en un terreno abonado de dolor. La siguiente historia, rescatada de la página web de la presentadora de televisión americana Oprah Winphrey, ilustra muy bien cómo el perdón es el fin de la pesadilla.

Ryan, de 30 años, de Vancouver (Canadá) sentenció la vida de una familia, la de Katy, de 45 años, de Victoria (Canadá). Su marido, Bob MacIntosh, con el que llevaba casada nueve años y con el que tenía dos gemelos de 4 años, fue a ver qué ocurría en la fiesta de adolescentes de sus vecinos, doscientos adolescentes borrachos y fuera de control. Un puñetazo derribó a Bob y las patadas en la cabeza de Ryan sentenciaron su vida.

Pero lo extraordinario de esta historia fue que Katy se negó a vivir en el odio y el rencor y decidió que no quería vivir el resto de su vida siendo una víctima, sumida en la negatividad. No quería que toda su vida quedara definida por este drama. Muy al contrario, escogió vivir inspirada por la vida comprometida que llevó su marido Bob.

Después de cinco años dieron con el culpable y ella decidió encontrarse con él y mirarle a la cara. Le dijo que estaría de su lado si aceptaba la responsabilidad de sus actos. Ryan era el hijo de alguien, había sido un niño agredido en la escuela por otros niños, y había caído en una espiral de violencia y consumo de drogas en una búsqueda desesperada por su identidad. Katy perdonó a Ryan, lo cual no quiere decir olvidar lo que pasó. Hoy en día trabajan juntos hablando a las audiencias en escuelas, comunidades y prisiones. El perdón los ha transformado. Frenó la espiral autodestructiva de Ryan y liberó a Katy devolviéndole el sentido de vivir una vida llena de gracia y responsabilidad a la cual hoy está agradecida.

Ryan desveló el secreto de lo que había hecho cuatro años después de sucedidos los hechos, porque le estaba destruyendo; se habría suicidado si no hubiese decidido escribir a Katy y a sus hijos para disculparse por lo que hizo. No esperaba su perdón pero el perdón de Katy cambió su vida. No cedió en la cárcel ante peleas o drogas. La vida de Ryan estaría aún hoy llena de violencia y odio si no hubiera sido por Katy. Sin embargo, la estancia en la cárcel fue fácil comparado con el sentimiento de culpa con el que tendrá que vivir toda su vida.

El perdón de Katy lo liberó de su prisión mental, y le devolvió una vida junto a una mujer que lo quiere y una mejor relación con su familia. Toda su perspectiva de la existencia cambió. Lentamente su vida puede avanzar en la dirección de perdonarse a sí mismo por lo que hizo.

El perdón acaba con un ciclo de violencia y destrucción. Crea la paz interior y exterior en la vida de las personas. Es una señal de fuerza y madurez. El perdón es plena conciencia.

Existen más historias vitales reflejadas en las páginas de Oprah con el mismo nexo en común: un momento de inconsciencia, generalmente ligado a la ingesta de alcohol u otras sustancias, causa un drama que sentencia a muchas personas a vivir en un estado de dolor u odio perennes. Un solo momento de inconsciencia. Por eso no me cabe la menor duda que la inconsciencia es la raíz de todo mal.

La inconsciencia es no darnos cuenta, oscuridad, falta de perdón, odio, dolor, miedo, ego, control, reactividad emocional, impaciencia, falta de confianza, seriedad, sufrimiento, culpa, ignorancia, falsa percepción de la realidad, velocidad, desidia, falta de aprecio por la vida… Es decir, todo aquello que nos hace sentir mal. Si nos sentimos mal estamos viviendo en la inconsciencia. Por el contrario, sentir bienestar es un indicador de que estamos viviendo de forma consciente.

La conciencia ilumina al mundo y trae el perdón. Es la luz que hay dentro de cada ser, la grandeza de lo que somos capaces de ser y de hacer por otros. Es la fuerza del amor. La conciencia es el despertar necesario para el disfrute y la valoración de nuestra vida. Se encuentra en el Mundo Real, en la verdad de lo que somos; se encuentra fuera del sueño, fuera de la oscuridad. La conciencia pone fin a las pesadillas. Con conciencia el dolor sigue siéndolo, pero al menos éste cobra sentido y ayuda a las personas a alcanzar paz y el perdón.

Movernos de la inconsciencia a la conciencia es el viaje necesario al Mundo Real. El viaje desde el dolor y el sufrimiento a la paz del corazón. Es la esencia de la existencia: movernos de la oscuridad hacia la luz, del miedo hacia el amor. La vida es de por sí, sólo por el hecho de nacer, un viaje hacia el amor y la conciencia que lleva implícito en muchas personas un dolor terrible. El contacto con la inconsciencia es dolor, a veces insoportable. Sólo nos queda seguir avanzando hacia la luz.

> *¿No es bastante obvio que cualquier persona que quiere perdonar perdona fácilmente? [...] El problema de las quejas, los resentimientos, los rencores y los sentimientos dolorosos es que yo debo permanecer herido. Debo continuar siendo la prueba viviente de la culpabilidad de otras personas.*
> HUGH PRATHER,
> escritor (EE.UU., 1938)

Cómo es nuestro mundo irreal

> *La inconsciencia es la identificación con la mente.*
> OSHO,
> sabio y místico hindú (1931-1990)

Existen dos planos de existencia: el plano de la mente y el de la no-mente, pero sólo este último es real. Sin embargo la mayoría de las personas pasamos casi todo el tiempo viviendo en la irrealidad. Cada uno de nosotros vivimos en nuestro propio universo, creado a partir de los pensamientos que tenemos. Hay tantos universos como mentes o personas existen. Imaginemos una pareja que se va de viaje a un destino tan ideal como una isla paradisíaca. El marido es un ejecutivo que no puede dejar de darle vueltas a los problemas que se encontrará en la oficina cuando vuelva, ya que sus superiores le obligan a despedir a bastante gente, y si no lo hace, su propio puesto peligrará. Además, su mente da vueltas a otros muchos problemas dentro y fuera del trabajo. Por su parte, la mujer está angustiada porque siente que hace tiempo que su marido se muestra muy distante y no consigue acortar la distancia emocional que cada vez se hace más grande entre ellos. Sus dos hijos y sus respectivos problemas también rondan por su cabeza. En resumen, sus cuerpos se encuentran en el paraíso, pero sus mentes sólo lo están parcialmente. Con una mente alterada no merece la pena buscar paraísos maravillosos pues no podremos apreciarlos. No debemos olvidar que llevamos nuestra mente allá donde vamos, con todas sus angustias y sus neurosis. A veces recibimos una llamada de atención del universo para que volvamos a reconectarnos con lo que está sucediendo a nuestro alrededor. Algunos hechos desgraciados nos sirven para darnos cuenta de lo valiosa que es la vida y que podemos perderla en cualquier momento, que nada está garantizado.

El mundo irreal que fabrica la mente es ilusorio. Es un río incesante de juicios sobre el pasado o sobre el futuro que fluyen de forma constante por nuestra cabeza. Es un mundo cambiante, sin una base sólida. Esos pensamientos proyectan nuestras creencias internas, y van dando forma al mundo que habitamos. Los pensamientos felices nos hacen experimentar un mundo feliz. Los pensamientos negativos traen ante nuestros ojos un mundo amenazante y hostil. Lo más importante es ser conscientes de que toda esa realidad es sólo imaginaria, un mero subproducto de nuestra mente pensante. Es imposible mojarse en el agua de un mar cristalino que estamos imaginando; solamente nos mojará el agua del mar en la cual efectivamente nos bañamos. Podemos pensar en una fragancia pero no olerla, podemos pensar en manjares pero no degustarlos. La vida que percibimos a través de los sentidos es, si no la última realidad, al menos más real que la vida pensada. La proporción de realidad percibida dependerá de lo clara y libre de condicionamientos que se halle nuestra mente.

En ese pseudomundo mental los pensamientos atrapan nuestra atención y nos causan los diferentes estados de ánimo, que van desde la insatisfacción y la apatía, en una escala de cero a cien imaginaria, subiendo hacia la intranquilidad, la preocupación, los nervios, y la sensación de carencia, hasta llegar a los estados más angustiosos del ser, la ansiedad, el miedo, el pavor, los ataques de pánico e incluso los intentos de suicidio. Si vivimos sólo a nivel mental nunca estaremos satisfechos. Es preciso salir de ese nivel para ver la luz, no hay otra alternativa. Salir de ese mundo y ser plenamente conscientes requiere un cambio radical en nuestro ser. Este viaje transformador supone que vayamos alcanzando gradualmente el estado consciente. Durante el trayecto caeremos inevitablemente en la inconsciencia una y otra vez, pero eso no deberá importarnos, necesitamos seguir adelante sin desanimarnos sabiendo que si trabajamos en ello cada vez los momentos de plena conciencia serán más frecuentes y más intensos.

Si nuestra vida transcurre centrada en pensamientos sobre lo que nos ocurrió en el pasado o lo que esperamos del futuro, nos encontramos en el imaginario mundo del ego. Si estamos atrapados por pensamientos sobre el pasado, nuestro mundo irreal se tiñe de sentimientos de culpa, rencor, lamento, pena, nostalgia, amargura, o falta de perdón. Y si estamos atrapados por pensamientos sobre el futuro, nuestro mundo irreal se tiñe de preocupación, anticipación, inquietud, ansiedad, tensión o estrés.

Nuestro mundo irreal es la identificación con el mundo de las formas. Nosotros creamos esas formas (pensamientos), les damos vida, nos las creemos, nos aferramos a ellas y basamos en ellas nuestro sentido de identidad. Cada vez que pensamos algo y vivimos de acuerdo a ello, nos estamos identificando con la forma y creando nuestra propia realidad personal. Si somos personas optimistas y positivas, ¡enhorabuena! Lo cierto es que muchos de nosotros estamos saturados a nivel mental y por ese motivo tenemos solamente pensamientos que nos sabotean constantemente, como «nadie me respeta ni me aprecia», «no merezco amor», «no conseguiré nunca tener dinero», «no se puede fiar uno de nadie» «la vida es muy difícil y hay que luchar constantemente», «no tengo futuro»… Reaccionamos ante cada pensamiento como si fuese una realidad y lo vivimos como tal.

El hecho de vivir atrapados en esas ideas sobre nosotros y sobre el mundo se refleja en nuestro rostro tenso y nuestra mirada ausente, los cuales muestran que nos encontramos haciendo viajes mentales hacia el tiempo pasado o futuro. A nivel mental la vida es una representación de papeles. Lo que verdaderamente somos queda escondido detrás del disfraz de nuestra falsa personalidad y la consecuencia directa de no ser nosotros mismos es que no nos sentimos a gusto en ningún sitio ni con nadie, ni siquiera estando a solas.

Nuestros pensamientos son una energía que nos arrastra. Una emoción es un pensamiento que se ha cargado de una determinada energía. Nuestro estado mental de bienestar o malestar nace a partir de las asociaciones mentales que hacemos y de la historia que nos contamos. Y así transcurre nuestra existencia, identificándonos con la pequeña historia de nuestra vida, mientras la otra vida, la real, va pasando de largo sin que la percibamos. Si pudiéramos lograr que el pensamiento se detuviese, aparecería la conciencia, y podríamos dejar atrás la ficción mental en la cual pasamos la mayor parte de nuestras vidas. Hasta entonces seguiremos sumidos en el sufrimiento y en las sombras. «Pensar se ha convertido en una enfermedad», dice Eckhart Tolle en su valiosa y muy difundida obra *El poder del ahora*. Tolle afirma que nuestro pensamiento es compulsivo e involuntario, no podemos detener el pensar y juzgar de forma automática y repetitiva a todos y a todo lo que nos rodea, y eso nos convierte en puras marionetas de nuestra propia mente. Pero ¿Existe otra posibilidad? ¿Podemos hacer algo para que los pensamientos se detengan? La respuesta es sí, los pensamientos pueden pararse al hacernos conscientes de ellos.

Es importante constatar que nuestro parloteo mental no surge de un conocimiento de la verdad, a la cual se accede con el silencio, sino de una compulsión que implica repetir lo que ya oímos. ¿Nos hemos parado a reflexionar sobre lo que decimos? ¿O solamente lo decimos porque es lo que siempre hemos escuchado? Nunca fuimos libres al pensar. Cuando juzgamos no somos nada originales, en un 99 % lo que decimos está condicionado por nuestro pasado y nuestras circunstancias. La mente es pasado. El primer paso para dejar de ser esclavos de ella es darnos cuenta de nuestra falta de libertad.

Según Eckhart Tolle, los pensamientos inútiles conforman del 80 al 90% del contenido de nuestra mente. Esta forma de pensar compulsiva consume nuestra energía vital y muchas veces tiene un efecto totalmente destructivo. Observar y reconocer cada pensamiento y cada sensación que surge en nosotros en cada momento del día es la forma de ponerle freno.

No obstante, hay momentos en la vida en los cuales sin pretenderlo conseguimos no pensar, y como consecuencia de ello llegamos a percibir esa paz y esa alegría que habitan dentro de nosotros. Ejemplos de esos momentos sin pensamientos son:

- Cuando nos enamoramos. El amor nos hace sentir tan profundamente que dejamos de pensar, ¡mientras dura el encantamiento por lo menos!
- En el clímax sexual.
- Cuando nos conectamos con los cinco sentidos sin juzgar lo que sentimos.
- Cuando dormimos profundamente sin soñar.
- En los momentos en que nuestra vida corre peligro. En ese momento de vida o muerte, nuestro ser pone toda la atención en el presente para salvarse. Irse al pasado o al futuro podría representar la muerte (por ejemplo, en los deportes de riesgo).
- Cuando percibimos el silencio o la belleza, sobre todo en contacto con la naturaleza (por ejemplo, haciendo submarinismo o alpinismo).
- Cuando estamos siendo creativos.

Pero pongámoslo en palabras de los propios protagonistas. Esto es lo que dice el alpinista John Krakauer sobre lo que siente en la montaña:

«Cuando se inicia una escalada difícil, sobre todo si es en solitario, sientes constantemente la llamada del abismo a tus espaldas. Resistirla requiere un tremendo esfuerzo consciente; no te atreves a bajar la guardia ni un solo instante. [...] Un estado parecido al trance gobierna tus esfuerzos, y la escalada se convierte en una especie de sueño clarividente. Las horas transcurren como si fueran minutos. La confusa carga de la vida cotidiana queda olvidada temporalmente. [...] En tales momentos te invade algo que se asemeja a la felicidad.»

Cualquier cosa que nos posea de tal manera que nos olvidemos de nosotros mismos, hace desaparecer nuestro ego, nuestros pensamientos. En ese momento empieza la vida. Hemos de tomar nota de esos momentos y permitir que se produzcan con más frecuencia, ya que son parte del viaje que vamos a realizar.

Si verdaderamente queremos transformarnos no podemos quedarnos en el análisis de nuestra mente, demos un paso más y salgamos de ella.

Los bloqueos energéticos y la pérdida de entusiasmo son el resultado de vivir siempre en el nivel mental y no conectarnos nunca con el ser interior. El maestro hindú Osho dice que en el estado consciente los pensamientos desaparecen y que la mente de un ser consciente es totalmente silenciosa cuando él decide que así sea. Osho añade que si siempre pensamos estaremos del todo inconscientes y que si nuestra mente está ocupada en un 99 % por pensamientos nuestro nivel de conciencia será del 1 %; la relación va en proporción directa. Ni nos damos cuenta de que la mente en continua conexión nos tortura y nos quita la paz mental. Es como vivir en una ciudad ruidosa y sólo reparar en ello cuando un día salimos al campo y el silencio nos asombra. No somos conscientes de que sin esa paz nuestra vida pierde su calidad y perder la calidad de vida nunca nos va a compensar.

Las personas muy inconscientes suelen caer en adicciones como el alcohol o los tranquilizantes, ya que éstos frenan la velocidad de los pensamientos y de forma temporal se experimenta el alivio que supone dejar de estar tiranizados por la mente. Pero la vuelta a la realidad es aún más dolorosa. Por lo tanto, una solución mucho más sana y duradera para frenar la compulsión de nuestros pensamientos es aprender a conectarnos con nuestro centro y poner más conciencia en nuestra vida. Respirar conscientemente nos ayuda a frenar el divagar de nuestra mente, y a conectarnos con nuestro cuerpo, para poder sentir la belleza de cada instante. Al respirar conscientemente pasado y futuro dejan de existir y volvemos a estar en contacto con la vida, con el Mundo Real.

El cuerpo-dolor emocional: la inconsciencia profunda

> *Los que desean huir del sufrimiento se precipitan*
> *hacia el sufrimiento. Por el propio deseo de la felicidad*
> *se engañan y destruyen su felicidad*
> *como si fuera su enemigo.*
> SANTIDEVA,
> filósofo y poeta budista (India, siglo VIII)

En el mundo de los pensamientos vivimos en la inconsciencia, no obstante, existen diferentes grados de inconsciencia. Eckhart Tolle nos habla del cuerpo-dolor emocional, que es un poso del sufrimiento emocional que hemos experimentado en la vida. Este dolor emocional acumulado es un campo de energía negativa que ocupa un espacio físico y mental en nosotros. En la mayoría de las personas se encuentra adormecido porque lo reprimimos inconscientemente, pero las relaciones íntimas y personales nos llevan de nuevo a sentirlo y así volvemos a sumergirnos en la más profunda inconsciencia de nuestro mundo irreal mental, en la orilla más lejana de la serenidad.

Ver la vida a través de los ojos del dolor del pasado la tiñe de angustia y nos hace situarnos en una inercia en la cual sólo sufrimos o hacemos sufrir a otros. La queja, la agresividad o la violencia son señas de identidad de ese dolor cuando está en fase despierta. El malestar de las emociones se alimenta de nuestro drama y aumenta cuanto más sufrimos. Sin embargo, disminuye cuando nos sentimos felices. Pero a pesar de lo desagradable que nos pueda resultar sentir esa desazón, atravesarla es la única vía de salida hacia una vida más consciente. Huir no nos servirá de nada, tenemos que volver sobre nosotros mismos a cada instante mediante la respiración consciente. De esa forma nos iremos volviendo más alertas y así podremos observar las fuerzas destructoras que hay en nuestro interior.

Los seres humanos tenemos esta particularidad, buscamos la felicidad pero a la vez hay una parte de nosotros que nos sabotea constantemente, ya que nos lleva a hacer cosas que nos dañan y nos autodestruyen. ¿Por qué fumar, beber, comer mal y en exceso, drogarse, no dormir lo suficiente, etc.? Definitivamente, hay una parte de nosotros que no vive en la luz ni la desea. Tenemos que ser conscientes de nuestras propias sombras para que no sigan creciendo y lleguen a devorarnos.

Si nuestra carga emocional del pasado está activada tendremos la tendencia de fustigar a otros en sus puntos débiles para que entren a formar parte de nuestro drama personal. Todos llevamos una carga emocional negativa que se activa en uno u otro momento. A la mayoría de mujeres se nos despiertan esas energías por lo menos una vez al mes, con la menstruación. El síndrome pre-menstrual está dominado por esas bajas frecuencias que nos arrastran. La única fuerza que tenemos para contrarrestarlas es la conciencia. Prácticas como el yoga, el tai-chi, o la meditación nos ayudan a subir de frecuencia y a positivizarnos.

Si se ha despertado tu ogro interior necesitas regresar al presente. Sé consciente de tu estado mental y de cómo te posee, no te dejes arrastrar por lo que sientes, mantente alerta, advierte todo lo que te sucede, en el interior y en el exterior. Puedes tomar un té, comer una mandarina, pasear en meditación o respirar profundamente, pero sobre todo ten mucha paciencia contigo, trátate con infinito cariño cuando te encuentres así.

Liberarnos del cuerpo-dolor

Lo único que nos cura de un sufrimiento
es vivirlo a fondo.
MARCEL PROUST,
escritor (Francia, 1871-1922)

Podemos transformar la energía de inquietud y pesadumbre en energía de paz y hacernos más fuertes interiormente si aprovechamos la oportunidad para crecer que nos ofrece ser conscientes de nuestras aflicciones. Al identificarnos con pensamientos negativos creamos un dolor que sólo desaparecerá observándolo. Ésta es la forma de romper la identificación.

Qué hacer exactamente cuando sientas que el cuerpo-dolor está activado

1. Acepta el momento presente como es, sin desear que sea diferente. Debes permitirte sentir el dolor o la rabia.
2. Permanece consciente y alerta. Eso se consigue no dejándote arrastrar por las emociones destructivas que sientes. Mira la emoción, pero no la sigas ciegamente. Si estás enfadado observa tu enfado pero no empieces a dar gritos o a descargar tu furia con los que están a tu alrededor, por ejemplo. Tu presencia es lo que consume al cuerpo-dolor.
3. Eres mucho más que tu historia desdichada. Deja de pensar que eres sólo lo que te ocurre. Si no te identificas con tus circunstancias tu tristeza no se convertirá en infelicidad.
4. Tu dolor se irá apaciguando si no reaccionas al drama de la otra persona. Tómate las cosas un poco menos en serio. No entres en su drama.
5. Enciende la luz de tu entendimiento para ver qué está sucediendo en tu interior. Observa sin juzgar. No hay nada que falle en ti. El ego estará encantado de que pienses eso, no caigas en su trampa.

Si nuestro cuerpo-dolor está activado encontraremos mil y una razones para estar irritados, dolidos, tristes o temerosos. Cualquier nimiedad nos hará sufrir intensamente. Cuando alguien de nuestro entorno se encuentre en este estado necesitaremos grandes dosis de paciencia y conciencia para no reaccionar.

Qué hacer cuando te encuentres con una persona con el cuerpo-dolor activado

1. Quédate como estás, y escucha a esa persona con toda tu conciencia, con todo tu ser.
2. Si tu pareja o ser querido se transforma de repente en alguien lleno de hostilidad y amargura no reacciones a su histeria, ten paciencia pues culpar o hacer reproches sólo alimenta esa energía de inconsciencia profunda. No reacciones a sus provocaciones.
3. Estar presente es mucho más poderoso que cualquier cosa que puedas hacer o decir.
4. Permítele experimentar lo que está experimentando en ese momento, dale espacio con tu calma.
5. Tu presencia consciente puede llevarte a sentir la esencia interior de la otra persona, y eso puede hacer que ella también sienta su propia dimensión interior, iniciando así un proceso de despertar.

Las experiencias dolorosas de nuestro pasado siguen dentro de nosotros. Otras experiencias similares activarán nuestro dolor dormido y eso nos sumirá de nuevo en la inconsciencia profunda si no estamos alertas. Pero si dejamos que fluya ese dolor hacia el exterior haciéndolo consciente acabaremos sanándonos emocionalmente. En ese proceso no podremos evitar sentir inquietud y malestar, pero tenemos que resistir hasta el final del proceso, hasta que acabe de manar hasta desaparecer. A pesar de la tentación de huir de la oscuridad tenemos que aguantar hasta que se haga la luz. Es el momento más oscuro el que precede al amanecer.

La mente útil. El pensamiento como fuerza creadora

Tienes el pincel y los colores.
Pinta el paraíso y entra después en él.
Nikos Kazantzakis,
escritor y poeta (Grecia, 1883-1957)

No somos meros espectadores en un teatro cósmico;
somos creadores y conformadores
que vivimos en un universo participativo.
John Wheeler,
físico teórico (EE.UU., 1911-2008)

A pesar de todo lo expuesto sobre el poder destructivo del pensamiento negativo repetitivo, hay que afirmar que no todo el pensamiento es compulsivo e inútil. En realidad la mente es pura potencialidad, por lo que es muy importante saber enfocarla de forma correcta y frenarla a tiempo cuando se negativiza. En principio, un pensamiento es una fuerza creadora; su energía y vibración acabará manifestándose en el universo material. Al pensar creamos un mundo a nuestro alrededor que refleja aquello en lo que creemos, ya sea de forma consciente o inconsciente.

El mundo que habitamos es mucho más mágico de lo que pensamos. Somos transportados por nuestros pensamientos hacia el mundo pensado. Si fuésemos conscientes de la magia que implica vivir en un mundo que hemos pensado, seríamos más cuidadosos al emitir juicios, y no estaríamos estancados en mundos lúgubres que pintamos con nuestros negros pensamientos. Pero solamente se manifiesta como real aquello en lo que verdaderamente creemos. Ciertas creencias y pensamientos nos han llevado a nuestra vida y circunstancias actuales. Para cambiar nuestra realidad hemos de indagar cuáles son. Cada uno de nuestros pensamientos marca los límites de lo posible o imposible. Nuestras certezas serán realidades y aquello que creemos improbable será un sueño irrealizable para nosotros. Creer en uno mismo y en lo que uno hace es, por tanto, la garantía de que nada nos resultará inalcanzable.

La mente, nuestra capacidad para pensar, es una habilidad innata que poseemos y que tiene un poder inmenso. Mal usada puede llevarnos al infierno, bien usada puede llevarnos al cielo. Que nuestra vida sea luz u oscuridad depende de cómo la utilicemos. Una mente que ha sido calmada y centrada mediante la meditación tiene una visión real de las cosas y puede sacarnos de la miseria. Pero habitualmente nuestra mente está dispersa y saturada, con lo cual no vemos las cosas como son y nos creamos desdicha continuamente. Nuestra actitud mental convierte por lo general nuestra vida en una fábrica de problemas que se entretejen unos con otros y nos van enredando en una tela invisible de ansiedad.

Pensar es invitar a nuestra vida a eso en lo que pensamos. Centrar nuestra atención en algo es pedírselo al universo con fuerza. No podemos, por tanto, permitirnos el lujo de pensar en cosas horribles, ya que podemos atraer esa realidad. Pensemos en cosas agradables; si podemos imaginarlas, podemos vivirlas.

El pensamiento puede transformar completamente nuestra realidad. Si creemos en la libertad seremos libres. Si creemos en el amor tendremos amor. Ser felices viene de tener pensamientos felices. Ser infelices viene de tener pensamientos infelices. Los pensamientos pueden elevar nuestra vibración energética o hacernos descender a los infiernos. Para vibrar en la dirección de nuestros sueños necesitamos pensamientos que nos aporten bienestar y nos den alas para la consecución de nuestros objetivos. Meditar en silencio, practicar yoga o comer sano son también prácticas que, realizadas de forma cotidiana, nos sintonizarán fácilmente con estados de bienestar y nos ayudarán a atraer pensamientos positivos.

Para cambiar nuestra realidad con el pensamiento hemos de desterrar, en primer lugar, todas las creencias limitadoras que nos paralizan y tomar la decisión de hacernos felices a nosotros mismos. Ser infelices es mucho más fácil que ser felices, sólo tenemos que dejarnos llevar por la inercia. Ser felices, sin embargo, implica una decisión y esfuerzos conscientes para no dejarnos arrastrar por las fuerzas (pensamientos) negativas.

Muchas personas no se creen con derecho a ser felices porque están inconscientemente condicionadas por sucesos de su pasado que les hicieron creer que no merecían serlo. Indaguemos, pues, en esas certidumbres interiores. Si interiormente creemos en la pobreza, el miedo, o el hecho de que la vida es difícil así se nos manifestará en la realidad. Si creemos que el mundo es siniestro encontraremos gente y experiencias siniestras que nos confirmen que el mundo es tal como pensamos. Pero si creemos en la luz, veremos luz a nuestro alrededor.

Nuestra capacidad para crear a través del pensamiento estuvo ahí desde que nacimos pero, ignorantes de nuestro mágico poder, hemos construido con nuestras pobres creencias realidades de carencia y sufrimiento. La mente útil es la que ha aprendido a disciplinarse con la atención. Pongamos atención en crear un diálogo interior que nos lance en la dirección de nuestra vida soñada.

Si prestamos atención a la forma en que nos expresamos, descubriremos nuestras creencias ocultas. Muchas veces al hablar nos limitamos o ponernos trabas sin saberlo. Expresiones tales como «no puedo», «no soy capaz», «no sirvo para esto» o «la vida es así, no tengo más remedio que aguantar», son estructuras mentales que no dejan que nuestra vida vaya más allá ni que nos superemos a nosotros mismos. Es imperativo cambiarlas por otras que nos den el poder para conseguir lo que queremos y que nos permitan llegar a brillar con luz propia, como por ejemplo: «puedo hacer esto», «mi vida siempre va a mejor», «lo mejor está aún por llegar», «lo conseguiré», «mis problemas son retos para superarme», y otras semejantes. Soy capaz, quiero, querría, podría hacer, esto es factible, puedo, etc., son expresiones que potencian nuestras capacidades y nuestra confianza. No puedo, necesito, debería hacer, no debería hacer, etc., son expresiones que limitan nuestras capacidades y minan nuestra confianza.

Las buenas sensaciones nos indican que vamos bien encaminados. Sentirnos mal nos indica que hemos de cambiar de rumbo, empezando por pensar y expresarnos de otra forma más constructiva.

Nuestra forma de pensar afecta a todo lo que hacemos. Pensar compulsivamente nos provoca emociones intensas y descontroladas que nos causan confusión, angustia, miedo y que distorsionan y subjetivizan totalmente nuestra realidad, llegando a dominarnos. Superamos la ansiedad cuando logramos dejar de identificarnos con nuestros pensamientos pero, si esto no es posible, al menos aprendamos a usar nuestros pensamientos de forma hábil para que no nos provoquen emociones que nos desestabilicen y para atraer hacia nosotros las realidades deseadas.

Pero no todas las emociones son perjudiciales; algunas nos sirven de brújula interior para señalar algo en nosotros o en nuestro entorno que necesita cambios. La depresión, por ejemplo, nos dice que seguir el camino que hemos tomado nos perjudica y debemos tomar alguna decisión importante en nuestra vida para dejar de sentir ese malestar. Es decir, las emociones pueden comunicarnos algo que necesitamos saber, pero si éstas nos llevan a perder el control su efecto será destructivo y nuestra vida se volverá miserable.

Para empezar a utilizar nuestro pensamiento de forma constructiva, centrémonos en lo que nos aporta sentimientos de bienestar. Al pensar de forma positiva estamos eligiendo emociones que nos hacen sentir bien y no nos limitan. En los malos momentos, necesitamos pensamientos que nos devuelvan la confianza y que potencien nuestras capacidades. Si nuestros pensamientos están en frecuencias negativas, las emociones negativas de angustia y tensión nos indican que esos pensamientos aportarán más cosas negativas a nuestra vida.

El pensamiento positivo puede, sin embargo, rescatarnos en situaciones límite. Si todo se vuelve contra nosotros, pensemos y vivamos lo que nos ocurre de forma que no nos provoquemos más sufrimiento. Elijamos pensar que tenemos opciones y que aún hay cosas en nuestra vida que valen la pena. Siempre las hay si miramos bien. La única arma que tenemos para neutralizar una situación desagradable es cómo la pensamos. Quejarnos de lo ocurrido o pensar obsesivamente sobre lo que podría haber sido y no fue, atrae a nuestra realidad todo aquello de lo que estamos renegando. Dejemos de pensar y creer en las cosas y personas que nos influyen negativamente. Si existe algo en nuestra vida que no nos gusta, es porque lo traemos a nuestra existencia pensando en ello. Dejemos de traerlo a nuestra mente y se irá disipando de nuestro horizonte. Centrémonos en lo que nos gustaría ser y vivir y tengamos la certeza de que el universo, sólo por pensarlo y visualizarlo, ya nos está llevando hasta ahí. Por otra parte, dejemos un tiempo para que el universo pueda hacer realidad nuestros deseos a su debido tiempo. Si vivimos con calma, sin ansiedades ni apegos, eso que hemos pensado, visualizado y deseado será nuestro por derecho propio. La bondad fundamental del universo sólo pretende que las experiencias de la vida saquen lo mejor que hay en nosotros y, a pesar del sufrimiento, siempre nos guía y nos cuida.

Nuestra vida es un proceso de creación constante, en el cual podemos participar activamente, ahora que sabemos cómo suceden las cosas. Nosotros movemos los hilos, es la mente y el pensamiento la fuerza creadora que expande nuestro mundo de forma constante. Vivimos y experimentamos lo que somos capaces de pensar y concebir sobre nosotros y sobre nuestra realidad. Utilicemos nuestros poderes mágicos para lograr nuestros sueños, decidamos pensar y soñar sin limitaciones. La mente es la varita mágica y la fe en nosotros es lo que activa sus poderes. Sólo nuestras creencias limitadoras nos separan de la realidad soñada. Como dice Enrique Barrios en *El maravilloso mundo de la magia*, «Cada cual vive en el universo que es capaz de imaginar».

> *Ni tu peor enemigo es capaz de causarte tanto daño*
> *como tus pensamientos si te encuentras desprotegido.*
> *Pero una vez los dominas, nadie puede ayudarte tanto,*
> *ni siquiera tu padre o tu madre.*
> DHAMMAPADA

Los patrones mentales inconscientes

El inconsciente puede reservar mensajes esenciales
para los oídos que sepan ponerse a la escucha.
CARL GUSTAV JUNG,
psicólogo y ensayista (Suiza, 1875-1961)

Todo lo que hay en nuestro interior queda reflejado en el exterior. El mundo de afuera es un fiel espejo de todo lo que no aceptamos o no nos gusta de nosotros y que reprimimos. Los defectos que odiamos en los demás son los nuestros, no obstante también vemos en los demás las capacidades superiores que aún no hemos descubierto en nosotros, pero que están esperando ser desarrolladas.

Imagina que te miras al espejo y no te gusta tu imagen. Parece absurdo limpiar el espejo para ver si así te ves más delgado o guapo. Lo que puedes hacer para que la imagen que te devuelva el espejo sea más agradable es cambiarte de ropa o hacer un poco de dieta. Con nuestro interior pasa exactamente lo mismo: al transformarnos el mundo-espejo refleja ese cambio. El camino más rápido hacia una vida más feliz es siempre la autotransformación.

La proyección es una poderosa herramienta que tenemos para ayudarnos a cambiar. Cuando alguien nos dice algo que nos duele, en realidad, nos causa dolor porque eso es lo que pensamos de nosotros mismos, de lo contrario no nos dolería. Si interiormente creemos que no se puede confiar en nadie, atraeremos a gente en la cual no se puede confiar. Vivimos lo que esperamos o tememos vivir, lo que aceptamos internamente como cosa probable o posible en nuestra vida. Esos son nuestros patrones inconscientes. Si no somos felices, necesitamos cambiarlos por otros que nos atraigan otro tipo de realidades.

Podríamos poner muchos más ejemplos: si nuestro patrón interno es juzgar a los demás constantemente, tendremos miedo de que los demás nos juzguen; si no nos queremos a nosotros mismos, atraeremos a gente que nos demuestre falta de amor; si, por el contrario, nuestras relaciones son amorosas, es porque tenemos una saludable autoestima; si nos molesta la gente arrogante, es porque nosotros secretamente nos acusamos de serlo… Si no nos prestamos atención a nosotros mismos, intentamos que los demás nos la presten, pero si nuestro mundo interior está cuidado, si nos cuidamos y respetamos, ya no necesitaremos reclamar esa atención del mundo exterior. Y como reflejo positivo, el que se ayuda a sí mismo es el que atrae hacia sí a gente que también le ayuda. Esto no significa que todo lo que vemos en los demás sea un reflejo de algo que hay en nosotros. Pero sí es cierto que si algo nos hace reaccionar emocionalmente, es que forma parte de algún patrón interno que poseemos.

La pregunta es: ¿cómo se cambian los patrones mentales? En primer lugar, haciéndolos conscientes y, en segundo lugar, cultivando el patrón positivo; nunca luchando por cambiar el negativo, ni reprimiéndolo, porque eso le daría más fuerza. Lo que nos llevará a cambiar el patrón es, en primer lugar, aceptarnos como somos y, en segundo lugar, cultivar con conciencia maneras de ser más positivas. Por ejemplo, intentando no prestarle atención a la voz interior que nos minusvalora, y dándole toda la credibilidad a la otra voz que nos anima, nos valora y nos insta a seguir adelante.

Cambiamos de patrón o paradigma mental al cambiar la idea que tenemos de nosotros en determinada faceta de nuestra vida. Cambiando nuestras creencias podemos cambiar la forma en que las cosas ocurren en nuestra realidad. Elige cómo te gustaría ser y actúa como si ya fueses así. Tu actitud cambia según te consideres a ti, a los demás y a las circunstancias. Elige también cómo quieres vivir, y qué circunstancias y personas deseas que te rodeen. El pensamiento es, bien utilizado, una herramienta para cambiar tu realidad.

A continuación vamos a ver cuáles son los patrones positivos o negativos y cómo actúa una persona según tenga interiorizado uno u otro, división que he extraído del libro *«La clave está en tus sueños»* de Beatriz del Castillo.

Patrones positivos o negativos

Hay dos tendencias subconscientes fundamentales, según la idea que tengamos de nosotros mismos: constructiva o autodestructiva. La persona constructiva es equilibrada, la autodestructiva, desequilibrada.

En nuestra vida pueden convivir patrones constructivos y autodestructivos a la vez. Por ejemplo, profesionalmente podemos ser constructivos y a nivel personal autodestructivos, o viceversa. Quizás sólo algunas de las características se apliquen a nosotros en cada caso, pero esto nos puede servir de referencia para saber en qué medida se aplican a nosotros unos u otros.

La persona constructiva

Puede que seamos personas con un patrón mayormente positivo. Este patrón tiene las siguientes características:

No nos interesa solamente la satisfacción inmediata, sino que somos personas con metas claras por los cuales trabajamos cada día con voluntad e ilusión. Sabemos adaptarnos a los cambios. Somos responsables y emocionalmente independientes. Cuidamos y respetamos nuestro cuerpo y nuestra mente. Servimos de ejemplo a los demás, tenemos una sana autoestima y despertamos admiración en los demás. Cada día evolucionamos y nos fortalecemos. Emanamos paz.

La persona autodestructiva

Si tenemos interiorizado un patrón negativo puede que tengamos mayormente las siguientes características:

Buscamos la satisfacción inmediata, no tenemos objetivos de futuro por los que trabajar. No tenemos fuerza de voluntad ni disciplina. No invertimos tiempo ni formación en superarnos. Tenemos poca adaptabilidad a los cambios. No respetamos nuestro cuerpo ni nuestra mente por lo que agotamos rápidamente todos nuestros recursos. Tenemos una baja autoestima y despertamos lástima en los demás. Cada día nos estancamos y debilitamos. Nuestras relaciones son destructivas y no tenemos ilusiones. Nuestra vida es una pérdida de tiempo y un alternar exceso-defecto. Sentimos y emanamos conflicto.

Trabajar con las proyecciones

Si una persona nos hace reaccionar emocionalmente hemos de pensar en qué momentos de nuestra vida nosotros hacemos lo mismo y con quién lo hacemos. Por ejemplo, si alguien nos controla y eso nos crispa, hemos de darnos cuenta de que nosotros hacemos lo mismo dándole la vuelta a la frase:

María me controla   Yo me controlo
(o me critica, etc.)   Yo controlo a otros

Para que la situación cambie hemos de visualizarnos teniendo una nueva actitud hacia nosotros mismos y hacia los demás que no sea controladora, hemos de practicar esa nueva actitud en la vida real y agradecer al universo que hayamos visto reflejada esa actitud en otros, para darnos cuenta de que teníamos que cambiarla en nosotros. Cambiar un patrón es un proceso con sus dificultades, pero hemos de mantenernos firmes en la intención de transformarnos. Para ver resultados hemos de tener paciencia, pues los momentos de cambios personales son confusos y caóticos. También hemos de fijarnos en nuestras cualidades positivas, alegrarnos de ser así y dar las gracias, de esta forma nuestras cualidades positivas aumentarán. La vida nos tentará para que volvamos al patrón negativo, nos probará para ver si caemos en el mismo error. Necesitamos atención constante, para que nuestro nuevo patrón sea sólido y madure. La prueba de que hemos superado el patrón negativo es que vemos esa actitud en los demás y no nos afecta negativamente, no nos hace reaccionar. Cambiarse a uno mismo en lugar de cambiar el mundo es la forma más rápida de que todo se transforme.

Sin quitarle importancia al trabajo con las proyecciones, no hemos de perder de vista que sólo somos perfectibles en nuestra personalidad exterior. Al trabajar con los patrones mentales vamos conociendo los mecanismos de nuestro ego, pero la transformación más radical y profunda se consigue a través de la meditación, la herramienta más transformadora que tenemos a nuestro alcance. Más adelante trataremos el tema de la meditación en profundidad, ya que es la base de todo el trabajo de conciencia que realizaremos.

Objetivo final: de la mente (mundo irreal) a la no-mente (Mundo Real)

> *Para empezar, este mundo de apariencias nunca ha existido. Es como un reflejo: no tiene sustancia pero parece que está. Cuando lo entiendes, llegas muy rápido a la fortaleza del sublime desprendimiento.*
> LONGCHONPA,
> maestro budista (Tíbet, 1308-1363)

Trabajar para cambiar nuestros pensamientos y nuestras creencias subconscientes es una forma de allanarnos el camino; equivaldría a limpiar nuestro jardín de malas hierbas. Pero las plantas y flores de nuestro jardín crecerán cuando abandonemos la mente con todo su ruido y sus problemas. Es lo más efectivo a largo plazo, el único camino definitivo hacia la felicidad duradera.

Hemos propuesto como destino de nuestro viaje llegar a la no-mente, un estado de paz profunda, de presencia sin pensamientos. Pero durante el viaje la mente pensante tiene un papel importante, ya que sin la capacidad de razonar no podríamos darnos cuenta de nuestra dimensión espiritual y, por consiguiente, ésta no podría ser alcanzada. La mente es el ímpetu que nos empuja hacia la verdad, pero a cierta altura del camino hemos de prescindir de ella si no el proceso mental nos engullirá.

Hemos visto la gran utilidad de aprender a pensar en positivo, pero es al conectarnos con nuestra fuente interior cuando los pensamientos se positivizan de forma automática. Por lo tanto, necesitamos poner nuestra energía y nuestro esfuerzo en lograr estar en paz, todas las demás cosas vendrán como consecuencia de tener un estado de serenidad interior.

Nuestra mente es un espejo distorsionado que nos hace percibir una realidad que no existe. La claridad se encuentra al otro lado del espejo, y pasamos al otro lado a través de la meditación. Cuando limpiamos el espejo con nuestra práctica meditativa los problemas se desdibujan. La realidad se transforma de forma rápida, sin tener que solucionar los problemas, sólo limpiando el espejo.

La mente que no descansa se adueña de nuestra persona y saca a relucir lo peor de nosotros. Esa costumbre tan común en nuestra sociedad de no parar nunca tiene efectos devastadores: la depresión y la ansiedad. A veces la solución podría ser tan sencilla como dejar de vez en cuando nuestra mente en reposo. Utilicemos nuestra mente para cuestiones prácticas de la vida cotidiana, pero no dejemos que se descontrole. Si logramos conectarnos con la paz y el silencio que hay más allá, habremos vencido al mayor adversario que hemos tenido y tendremos durante toda nuestra vida: nuestra propia capacidad para pensar. Por ejemplo, los niños ya desde bien pequeños son víctimas de su propia imaginación cuando se muestran aterrados ante «el hombre del saco». El hecho de que el ser humano pueda pensarse a sí mismo es a su vez su mayor suerte y su mayor desgracia.

Su mayor suerte porque sin esta capacidad no podría iluminarse, y su mayor desgracia porque puede volverse un ser triste y desgraciado si no sabe cómo dirigirla.

Cuando nos encontremos en un estado mental negativo, hagámonos conscientes de ese estado; es la forma de dejar de formar parte de él. El espacio que se crea con el silencio y la meditación nos permite convertirnos en observadores. Si nuestros pensamientos ocupan nuestra mente de forma constante, ésta pierde su capacidad de pensar con claridad. Finalmente, si persistimos en nuestra obcecación por llenarla de información y no dejarla nunca en reposo, nuestros pensamientos acabarán siendo obsesivos y confusos, y nos sumirán en la tristeza, la ansiedad y el miedo. Estaremos viviendo con nuestro mayor enemigo.

Si sufres de estrés, depresión o ansiedad, lo más urgente en tu vida es crear un espacio en tu interior, porque las buenas sensaciones surgen de la amplitud interior disponible. Pero nuestras soluciones suelen pasar por aletargarnos y embotarnos aún más con medicamentos que, aunque a veces son una buena solución en procesos agudos, no hemos de dejar de alternar con otras cosas sencillas que podemos hacer por nosotros y que son inocuas. Empieza por darte un respiro. Mira al cielo, escucha los pájaros, reconéctate con el ser espiritual que eres. Contempla el paisaje y silencia tu mente. El silencio es la medicina que te pone en contacto con la felicidad que hay en ti. Siéntate en silencio cada día y escucha los sonidos de la vida. Deja de hablar por hablar, de recordar y de preocuparte. Permanecer en alerta y en silencio sin hacer nada te recarga de energía y te devuelve la sensación de bienestar largamente anhelada. Tu vida volverá a estar en orden cuando salgas de tu mente inquieta. Pon tu atención consciente en los actos cotidianos, siente más la vida y deja de lado los juicios que añades a cada paso. Si ves una flor y piensas en ella dejarás de percibir su esencia. Solamente cuando tu mente se apacigüe, despertarás a su verdadera belleza.

Tu mente ruidosa es el espacio
en el que permaneces dormido.
Osho,
sabio y místico hindú (1931-1990)

Vivir en el Mundo Real
de la plena conciencia

*Si la mente está ahí, todo lo que ocurre es un sueño.
Sólo el testigo es real.*
Osho,
sabio y místico hindú (1931-1990)

La plena conciencia es cuestión de vida o muerte.
Thich Nhat Hanh,
monje budista y escritor (Vietnam, 1926)

Cuando afirmamos que el mundo que vemos a nuestro alrededor no es el Mundo Real no nos referimos a que el mundo que vemos no exista, sino que lo vemos a través del velo de nuestra inconsciencia y es nuestra interpretación, no una realidad. Si viviéramos con plena conciencia percibiríamos un mundo muy diferente.

Lo que nos transporta al Mundo Real es la conciencia con la que realizamos nuestros actos. La escasa conciencia con que vivimos nuestra vida cotidiana es lo que la vuelve triste e insulsa. Si despertamos a la conciencia del instante presente, las cosas vulgares se vuelven exquisitas y lo que nos parecía gris resplandece. El acto consciente de prestar atención le da calidad a lo que hacemos; la degustación de un menú casero hecho con cariño con ingredientes frescos y naturales es una experiencia nada comparable a comer una comida pre-cocinada industrialmente y calentada aprisa en el microondas. El inigualable sabor del fuego lento hace que siempre merezca la pena tomarse el tiempo para hacer las cosas.

Si hoy alguien nos dijese que nos quedan veinticuatro horas de vida, éstas serían vividas intensamente. Cada sensación, cada sonido, cada parpadeo sería exprimido al máximo. Si tuviésemos que despedirnos mañana y para siempre de un ser querido, no nos perderíamos ni un solo instante de su vida. Ésa es la conciencia que tenemos que recuperar porque todo es así de valioso, pero nuestra conciencia dormida no lo ve. Desde la plena conciencia el mundo de los sentidos nos conecta con placeres ilimitados; la suave brisa en el aire nos proporciona un bienestar infinito, los aromas penetran en nuestro ser de tal manera que olor y sabor se confunden: lavanda, olor a tierra mojada, aroma a café recién hecho, gel de ducha aromático… El gozo de vivir se esconde en las más sutiles sensaciones. Los colores nos encandilan y cualquier simple emoción nos toca el alma. Comer se transforma en un ritual sagrado que alimenta nuestro cuerpo y nuestro ser más profundo. Thich Nhat Hanh en *Hacia la paz interior* nos habla del placer intenso que podemos experimentar con una simple mandarina recién cortada; notamos su tacto y su fragancia, saboreamos el fruto y el jugo en profundidad, podemos llegar a ver el universo entero en una simple mandarina. Mondarla y olerla es maravilloso. El mundo se transforma en un lugar donde distinguimos una paleta infinita de matices y donde experimentamos las más variadas sensaciones.

Cuando somos plenamente conscientes podemos captar unas vibraciones imperceptibles para personas que no se encuentran en ese estado, al igual que un perro huele cosas no perceptibles para el olfato humano, o ciertos animales ven u oyen cosas que las personas no podemos percibir. En el Mundo Real nuestra sutil vibración nos permite apreciar la belleza en todas partes, y nos permite asimismo darnos cuenta de que somos un reflejo de la perfección del universo. Si hemos llegado hasta aquí, nuestro estado natural es la alegría y el sentido del humor, la seguridad y la falta de ansiedad. La vida es un juego, una aventura.

En el Mundo Real de la plena conciencia el tiempo no existe. Ése es un concepto puramente mental. La prisa no tiene sentido porque no necesitamos llegar a ningún sitio distinto de donde estamos. Podemos tomarnos el tiempo necesario para disfrutar de las cosas, nuestro tiempo es un presente que no acaba, así que nunca escasea. Hemos dejado de aplazar la vida, cada instante y cada experiencia son irrepetibles, por eso los vivimos con gran aprecio. Todo comienza y cesa constantemente en un ciclo sin fin, y ahí estamos nosotros observándolo todo, extasiándonos. Las experiencias que vivimos en el Mundo Real ya no son buenas ni malas porque, desde una perspectiva superior, las circunstancias son siempre positivas, comprendemos que todo sirve a la evolución de nuestra conciencia. Juan Manzanera en El placer de meditar dice a este respecto: «Igual que un buen campesino aprecia el estiércol y reconoce el inmenso valor que tiene como abono para sus campos, a pesar de que es algo desagradable y sucio, los sabios utilizan todo lo que les sucede para aumentar su conciencia espiritual y la de los demás; todas las situaciones les enriquecen y son una oportunidad para ellos, ya que tienen la actitud correcta».

Hemos llegado al Mundo Real de la plena conciencia cuando podemos oír el canto de los pájaros, ver el cielo azul y fundirnos con la naturaleza. Poniéndolo en palabras del sabio hindú Osho: «La conciencia es la diferencia entre la vida y la muerte; estás vivo sólo en la medida en que estás despierto. Sin conciencia estás completamente dormido. Todo lo que vives en un estado de ensoñación o inconsciencia no es realmente vivido ni apreciado. Sólo la conciencia te lleva hacia el disfrute real de tu existencia.» De hecho, si no estamos conscientes sólo nuestro cuerpo está ahí, es la conciencia, el hecho de estar despiertos, de estar en lo que estás y no moviéndote mentalmente hacia otra cosa que está en el pasado o el futuro, lo que nos hace regresar desde nuestra vida imaginaria a la realidad del presente. El momento presente sólo puede vivirse; si lo pensamos nos salimos de él. En el Mundo Real el pensamiento se paró y dejó paso a la vida.

Osho también expone que nuestro ser es como un inmenso palacio pero ignoramos esto y vivimos toda nuestra vida en el porche del palacio, pensando que eso es todo lo que hay e ignorando la calidad de vida que podríamos tener si entráramos dentro.

Cuando vivimos con conciencia lo percibimos todo a través de nuestro corazón amoroso, un corazón que no juzga lo que ve ni lo interpreta. El mundo que vemos es un reflejo de nuestra propia bondad. El miedo ha reemplazado al amor bajo cuya luz todo es seguro y acogedor. Los ojos del miedo han dado paso a una mirada que surge de la serenidad y nos ancla a nuestro centro, desde donde divisamos la verdad: que los problemas existían porque nos identificábamos con ellos. Nuestro mundo de dudas y sufrimiento era una manifestación de nuestros miedos inconscientes.

En el Mundo Real nuestra luz interior ilumina todo lo que vemos: los árboles son más verdes, la música nos envuelve y todo nos parece inefable y misterioso. El viaje interior es suficiente para eliminar lo que no nos hace felices; al ir hacia dentro todo se vuelve silencioso, y las turbulencias desaparecen.

Expandir nuestra conciencia en el silencio de la meditación nos llevará a experimentar una profunda felicidad y una serena sensación de que todo está bien. Ya no buscaremos nada ni a nadie que nos complete, pues no necesitamos a nadie para ser quien somos y vivir en plenitud. Pero buscaremos compartir esta plenitud con todos. Nuestro carácter también cambiará porque lacras como la ira o la envidia desaparecerán al hacernos más conscientes. Una vez que hayamos percibido aunque sea un solo destello de este mundo, ya nada nos compensará el perderlo de vista. Los problemas quedarán lejos de aquí, habremos recorrido un largo camino para darnos cuenta de que ya éramos perfectos antes de partir.

Somos quien creemos ser, soñemos a lo grande

> *Nunca es tarde para ser lo que podrías haber sido*
> GEORGE ELIOT,
> escritor (Inglaterra, 1819-1880)

En general vivimos sin conciencia de lo que somos, de quiénes somos. Nos identificamos con nuestras imperfecciones, y sentimos que estamos llenos de carencias y de miedos. Desde luego que no todo lo que percibimos sobre nosotros son lacras, pero cuando nos sentimos víctimas de las circunstancias estamos ignorando el potencial creador que llevamos dentro. De hecho, somos el resultado de lo que nos han hecho creer que somos. A un nivel inconsciente muchas veces no nos creemos dignos de merecernos lo mejor. Pero nada más lejos de la verdad, pues en nuestra esencia se hallan contenidas todas las posibilidades. No necesitamos crecer, ni desarrollarnos, ni evolucionar; sólo darnos cuenta de la preciosa joya que hay en nuestro interior.

Esa joya es nuestro potencial ilimitado, aunque es difícil creerlo porque nadie nos enseñó a creer en nosotros mismos, nadie nos enseñó a soñar. Y necesitamos adentrarnos bastante en el viaje interior para percibir esto por nosotros mismos. Estas verdades sólo pueden comprenderse con el corazón, no pueden razonarse. A medida que nuestro viaje vaya avanzando nos daremos cuenta de que somos nosotros quienes ponemos los límites. Podremos llegar a donde creamos que podemos. En un nivel inconsciente llevamos marcadas a fuego unas creencias que nos limitan en todos los aspectos: cuánta felicidad merecemos, cuánto dinero o posición social podemos llegar a alcanzar, qué persona encontraremos como pareja, qué casa habitaremos… Pero podemos cambiar estos límites en cualquier momento, si no los aceptamos. Podremos lograr cualquier cosa si nos lo proponemos. Para ilustrar este punto, me gusta usar una vieja historia de la India que describe Juan Manzanera en su libro *El placer de meditar:*

Una vieja historia de la India describe el caso de un cachorro de león que fue criado por una manada de asnos salvajes. A medida que fue creciendo entre ellos fue adquiriendo sus costumbres, hábitos y comportamientos. Así se convirtió en un animal pacífico que comía hierba y que además era débil, asustadizo y cobarde. Un día en el que la manada de asnos pastaba cerca de un lago, un león se acercó a cazar. Cuando vio que entre la manada había otro de su especie imitando el comportamiento de aquéllos, se quedó muy sorprendido y decidió averiguar lo que sucedía. Saltó de entre los matorrales y se lanzó contra aquel león que corría lleno de pavor entre los asnos, a pesar de ser mucho más corpulento y joven que él mismo. Cuando finalmente consiguió atraparlo, el joven león estaba asustado como cualquiera de los asnos e, ignorante de su fuerza y agilidad, en lugar de defenderse suplicaba que lo soltara y lo dejara marchar con sus amigos. El león era un sabio y rápidamente comprendió que la raíz del problema era que se había identificado con las cualidades limitadas de los asnos en lugar de con las de los leones. De manera que se acercaron al lago y le pidió que observara su rostro reflejado en el agua y que lo comparara con el suyo. En cuanto lo hizo, descubrió que él también era un león y todos sus miedos e inseguridades se desvanecieron automáticamente sin ningún esfuerzo, y emergió toda su fuerza y valentía. Una vez abandonadas sus identificaciones negativas encontró su verdadero ser.

De la misma forma que el león comprendió rápidamente que no era un asno al verse reflejado, te invito a que mires en el espejo de tu alma mediante la meditación, para que puedas ver lo extraordinario que eres. Deja de creerte insignificante, piénsate a lo grande. Como se dice popularmente, el cielo es el límite. No hay nada más poderoso que creer que todo es posible. Reconócete y actúa como lo que eres: la excelencia en persona; lo serás, si así lo crees. En el instante en que se rompa la identificación con esa imagen tan pobre de ti, ya habrás entrado en un mundo donde existen todas las posibilidades. Debemos creernos dignos de atraer lo mejor. Todo parte de la idea de quiénes somos.

Parémonos a pensar qué idea tenemos de nosotros mismos. Quizás no seamos conscientes de que, debido a una pobre imagen de nosotros, nuestra vida se desarrolla como una serie de carencias.

Si nunca nadie te lo ha dicho, déjame decirte que eres único, que nunca ha habido ni volverá a haber nadie como tú en el mundo. No tienes que esforzarte para llegar a ser especial, no hay dos personas en el planeta con las mismas huellas dactilares, lo que demuestra que la naturaleza nos ha hecho originales. Nadie tiene tus cualidades ni tu talento, tu singularidad, tu voz o tu porte. Todos somos diferentes a los demás, pero nadie es más ni menos que nadie. Si actuamos sin pretensiones de querer gustar estaremos siendo nosotros mismos y, por lo tanto, exclusivos. Sentirnos a gusto en nuestra piel nos quita la necesidad de quedar bien ante los otros. Somos especiales tal y como somos; si intentamos ser mejores romperemos el encanto, sólo tenemos que ser auténticos para que salga a la luz toda nuestra belleza.

> *Si no empezamos con nosotros mismos,*
> *no tenemos manera de querer realmente a los demás.*
> AYYA KHEMA
> *Cuando vuela el águila de hierro*

> *Sufres porque no sabes quién eres.*
> RAIMON SAMSÓ
> *Taller de Amor*

Nueva comunión entre ciencia y espiritualidad

> *Ahí fuera no hay un* ahí fuera
> *independiente de lo que ocurre* aquí dentro.
> FRED ALAN WOLF,
> físico teórico (EE.UU., 1934)

Ahora sabemos que el Mundo Real donde se encuentra la felicidad vive dentro de cada uno de nosotros y que podemos encontrarlo emprendiendo el viaje hacia nuestro interior. Ésa es una verdad que desde hace miles de años ha sido aceptada y divulgada por los místicos, lo asombroso es que hoy en día desde la física cuántica se nos están haciendo revelaciones sorprendentes en este sentido. Después del éxito de la película y libro del mismo título *«¿Y tú qué sabes?»(2006)* por los autores y directores Mark Vicente, William Arntz y Betsy Chasse, hemos sabido que la ciencia, especialmente la física cuántica, ha llegado a un terreno donde se da la mano con la espiritualidad. Tomando las palabras de Amit Goswami, profesor de la Universidad de Oregón, y escritor de ocho libros sobre física cuántica:

«Incluso el mundo material que nos rodea, sillas, etc., no son más que posibles movimientos de la conciencia. En cada momento lo que hago es escoger entre todos esos movimientos para que se manifieste la experiencia de lo real. Ésta es la única reflexión radical que hay que hacer. Resulta muy difícil y radical porque tendemos a pensar que el mundo está ahí independientemente de la conciencia, pero no es así, la física cuántica lo deja muy claro: los átomos no son cosas, sólo tendencias; así pues, en lugar de pensar en cosas hay que pensar en posibilidades, todo son posibilidades de la conciencia.»

La física cuántica encuentra que lo verdaderamente revelador sobre todo esto es que si la realidad es sólo una posibilidad, ello implica que tenemos la opción de cambiarla y de elegir una vida mejor. Según el viejo paradigma científico positivista nosotros no desempeñamos ningún papel en la realidad, la realidad ya estaba ahí, existía y existe independientemente de nosotros. Sin embargo, con este nuevo paradigma de la física cuántica, toda esa suposición cambia. Parafraseando a Goswami, yo elijo las experiencias que tengo, y, por tanto, literalmente creo mi propia realidad. Es así como los científicos deducen que tiene que haber algo asombroso y mágico ante nuestros ojos, si aceptamos que nosotros influimos en la realidad que vemos y percibimos. Los expertos en metafísica cuántica después de indagar llegaron a una conclusión: podemos influir en nuestra realidad a través del pensamiento o la intención.

Pero ¿qué ocurre con las desgracias? ¿Hemos elegido vivir una desgracia familiar, un terremoto o un huracán tropical? Es difícil imaginarse que alguien quiera para sí una realidad en la que sufre, todos queremos ser felices. Pero entonces, ¿por qué de entre tantas posibilidades elegimos sufrir? La explicación que dan los físicos cuánticos es que son también nuestros pensamientos inconscientes los que crean nuestra realidad negativa. Estamos condicionados incluso desde antes de nacer por todo nuestro pasado, y eso influye en nuestra realidad de forma contundente, muchas veces de forma negativa. En esta dirección el físico Fred Alan Wolf afirma que:

«Cuando abrimos los ojos y miramos a nuestro alrededor, no es el "mundo" lo que vemos, sino el mundo que mi sistema de creencias me permite ver y el mundo que a mis emociones les importa ver. Recibimos miles de estímulos cada segundo por nuestros sentidos, pero seleccionamos sólo los que nos interesan, y con esos vamos formando nuestra realidad. La gente percibe las mismas cosas de una manera completamente distinta. Creamos constantemente nuestro mundo de un sinfín de maneras.»

Las investigaciones del autor japonés Masaru Emoto muestran fotografías de cristales de agua congelados tras haber sido sometidos a estímulos no físicos. La música y los letreros que marcaban las botellas expresando emociones humanas afectó a los cristales creándose bellos cristales tras armoniosas melodías o mensajes de palabras como *amor* o *gracias*, y cristales feos y deformados tras mensajes negativos. Después de estos experimentos la pregunta que surgía era: «Si los pensamientos le hacen eso al agua, ¿qué pueden hacernos los pensamientos a nosotros?». ¿Demostraba este experimento que el pensamiento cambia la realidad?

Por supuesto que desde ámbitos del pensamiento racional no se aceptan estas afirmaciones, pero si según su teoría sobre la realidad ésta existe sin que nosotros tengamos ninguna influencia sobre ella, ¿cuál es nuestro papel en el mundo? ¿Qué posibilidades creativas existen para nosotros más que amoldarnos a lo que se nos presenta? Si todo es arbitrario, ¿nuestra forma de actuar y comportarnos con los demás no tiene nada que ver con lo que nos sucede?. ¿Un mundo en paz no se construye entonces desde la actitud pacífica de cada uno de sus habitantes? ¿Tenemos que esperar a que el mundo esté en paz para poder ser y comportarnos como seres pacíficos? Esto es bastante cuestionable, ya que a nadie le cabe duda de que un individuo pacífico influye positivamente en su entorno y que nuestra actitud hacia los hechos y las personas determina y cambia las situaciones. Una actitud violenta genera realidades violentas. Entonces, ¿influimos o no en nuestra realidad? Creo que el viejo paradigma científico ya no da respuesta a todas estas cuestiones y que la física cuántica se adapta mucho mejor a todos los descubrimientos que se están haciendo sobre lo lejos que llega la influencia que podemos tener sobre nuestra propia realidad.

Los científicos que participan en dicha película afirman como conclusión que, si nosotros influimos en la realidad, para mejorarla tenemos que tomar conciencia de que vivimos en la mediocridad porque nunca nadie antes nos dijo que una vida mejor era posible para nosotros, que nuestros sueños podían hacerse realidad. Ahora nuestra tarea es influir en nuestra realidad a través del pensamiento. Tomándonos un tiempo cada día para hacernos conscientes de los pensamientos que están creando nuestra realidad y para concebir nuevas realidades para nosotros. Si pensamos que un mundo nuevo es posible, tomaremos decisiones que propicien esos cambios. Nuestros pensamientos influyen en el campo cuántico de las posibilidades.

Visto así la física cuántica y el misticismo o la espiritualidad han llegado a conclusiones muy parecidas. Las frases «tú creas tu realidad» o «tu realidad es tu posibilidad» de la física cuántica, y «todo viene de tu mente, tu mundo exterior es un reflejo de tu interior» de los místicos son afirmaciones sinónimas. También son significativos los experimentos que está realizando la científica Lynne Mctaggart que unen ciencia con espiritualidad, en los que demuestra que la mente puede influir en la materia. En su libros *El campo* y *El Experimento de la Intención*, demuestra al gran público que un número de personas con una misma intención a la vez pueden cambiar tangiblemente objetos del mundo físico. En un primer experimento se escogieron dos hojas de geranio idénticas y una audiencia puso sus pensamientos e intención en hacer brillar sólo una de ellas durante diez minutos. La luz que emitió la hoja fue tan potente que pudo ser registrada por las cámaras digitales. Después de otros experimentos similares se decidió comprobar si la mente colectiva podría reducir la violencia y aportar paz. Desde una página web, durante una semana y desde todos los rincones del mundo (sesenta y cinco países) se enviarían pensamientos de paz a Wanni, al norte de Sri Lanka, donde ha habido guerra civil durante veinticinco años. Los resultados revelaron que este experimento puede haber acelerado el final de la guerra en esa zona, que ahora parece inminente. Al principio la violencia se intensificó durante la semana del experimento, para luego caer en picado. ¿Coincidencia o intención?

Los místicos afirman que el mundo es un reflejo de nuestro estado de conciencia, que no hay un mundo objetivo ahí fuera sino que es nuestra conciencia la que crea el mundo que habitamos en cada momento. Los budistas, por ejemplo, en su teoría de la vacuidad, llegan a la conclusión de que el mundo está vacío, es una proyección mental. Todo lo que experimentamos como real es relativo y depende de unas impresiones que hemos sembrado antes en nuestro continuo mental. Una vez que las semillas se agotan, esa realidad da paso a otras realidades que dependen de nuevas semillas que germinan. Por otra parte, los físicos cuánticos afirman que el observador tiene una influencia inevitable en cualquier proceso físico observado, que no somos testigos objetivos y neutrales de las cosas y de los acontecimientos, sino que estamos implicados en la realidad, y somos en cierta forma responsables de ella.

Así, ciencia y espiritualidad se han puesto por fin de acuerdo para afirmar que existen mundos infinitos, tantos como seres los habitan. Si nosotros somos una parte activa de esa creación tenemos que empezar a ocuparnos para crear un mundo mejor en el que habitar. La clave es «creer para ver». Si en nuestra mente creemos que algo puede suceder, sucederá. Cabe preguntarse pues: ¿cuáles son nuestros límites?, ¿cuál es la vida que creemos posible para nosotros? Porque ésa es exactamente la vida que tendremos.

Cada deseo, pensamiento, creencia, duda, miedo, palabra, idea o intención es una energía que influye en nosotros y en nuestro entorno dando lugar a nuestra realidad. El problema es que somos rehenes de nuestro inconsciente. En un tanto por ciento muy elevado la realidad que creamos surge de unos patrones gravados en nuestro subconsciente y que se repiten en nuestra realidad. El camino hacia la superación de estos patrones es traerlos a la luz y cultivar otros nuevos mediante pensamientos elegidos de forma consciente. Nunca es tarde para elegir algo diferente. Todo el mundo lo está diciendo. Usemos nuestra energía y cambiemos nuestra realidad.

> *La única cosa realmente valiosa es la intuición.*
> ALBERT EINSTEIN,
> físico alemán (1979-1955)

La preparación del viaje

Los hábitos

> *El cuerpo es como un instrumento musical.*
> *Debe afinarse correctamente; sólo entonces saldrá de él la*
> *mejor de las músicas. Si el instrumento no está en óptimas*
> *condiciones, ¿cómo sería posible imaginar o esperar que de él*
> *surgiese una gran armonía? [...]*
> Osho,
> sabio y místico hindú (1931-1990)

Los hábitos tienen una energía propia. Cada vez que repetimos una acción o un pensamiento, éste adquiere poder sobre nosotros, independientemente de que sea beneficioso o perjudicial. El hábito crea un surco en nuestro ser, un paso por el cual tiene facilidad de volver a entrar. Todo tipo de acción, pensamiento o emoción tiene tendencia a repetirse una y otra vez. Es por esa razón que si un hábito no nos beneficia, debemos adquirir conciencia de él para cambiarlo. Los hábitos pueden llegar a dominarnos, porque se convierten en nuestra segunda naturaleza. Hacemos cosas que no nos gustan o no nos hacen sentir bien sólo porque nos hemos acostumbrado a hacerlas. Si nos vemos incapaces de cambiar lo que no es bueno para nosotros, empecemos por crear un espacio en nuestro interior para que tengan cabida unos hábitos nuevos, que nos ayuden a ser lo que verdaderamente queremos ser. Las transformaciones profundas llevan tiempo, pero los buenos hábitos definitivamente nos ayudan en esa transformación.

El cuerpo físico es un mecanismo que se confunde y deja de funcionar correctamente cuando llevamos una vida irregular. Nuestro cuerpo tiene un reloj biológico que funciona siguiendo unas determinadas pautas que quedan favorecidas por una vida regular. El cuerpo se acostumbra a ciertas cosas y se prepara para, por ejemplo, digerir los alimentos y asimilarlos correctamente o dormirse para conseguir un descanso profundo y reparador. Seguir una disciplina puede, en principio, parecer una esclavitud, pero sólo en apariencia, pues es lo que al final nos hace dueños de nosotros mismos y nos da libertad, pues nuestro cuerpo deja de ser esclavo de nuestros instintos y de los pensamientos erráticos. El cuerpo físico es un reflejo de un proceso que comienza en un nivel más profundo de nuestro ser, en nuestra conciencia. Si nuestra energía está bloqueada en algún punto, a nivel físico acabarán apareciendo síntomas de ese bloqueo. Pero los bloqueos pueden sanarse si restablecemos el equilibrio en nuestro campo de energía. Las tensiones, dolores o síntomas de enfermedad nos informan de que hay una tensión en algún aspecto particular de nuestra vida que necesita cambios. Todo malestar es producto de un flujo de energía bloqueado. El cuerpo y la mente son los dos extremos de una misma unidad energética que somos nosotros. La mente es la energía más sutil y el cuerpo la energía más sólida. Un físico en forma nos ayudará a tener una mente equilibrada. Dice Osho que la tranquilidad del cuerpo ordena la mente, o lo que es lo mismo, *Mens sana in corpore sano*. Estamos a punto de hacer un largo viaje, y en esos casos lo mejor es comprobar que nuestro vehículo esté en perfectas condiciones. Los neumáticos, el nivel de aceite etc., todo tiene que estar a punto para poder llegar a destino sin problemas. Y no sólo eso; lo más importante es disfrutar del viaje, lo cual se consigue si nuestro vehículo es lo suficientemente confortable y seguro.

Los hábitos erróneos no dejan que la naturaleza se manifieste de forma espontánea en nosotros. Por el contrario, son los buenos hábitos los que nos van a proporcionar un suplemento de energía que hará crecer el bienestar en nuestro interior. Ese nuevo sentimiento de satisfacción interior nos alejará de ir en busca de nuevos placeres externos. Si somos felices ya no los necesitaremos. Una mente infeliz se lanza a buscar sensaciones y placeres que le hagan olvidar su insatisfacción. Pero esos placeres efímeros no nos harán felices, ya que únicamente nosotros podemos ser la fuente de nuestra felicidad. Disfrutamos de las cosas más inmediatas cuando nos sentimos bien interiormente. Se trata de que nadie más que nosotros posea la llave de nuestra felicidad. Si se la damos a otra persona u cosa ajena a nosotros nos convertimos en su esclavo. Por el contrario, si somos conscientes de que el placer está en nosotros y no en otras cosas o personas, desaparecerá la compulsión hacia los placeres que nos esclavizan y podremos disfrutar de todo sin dependencias ni apegos.

Si ponemos la energía en superar nuestras debilidades, el universo siempre nos compensará de forma proporcional a nuestro esfuerzo. No existe la suerte ni la casualidad; la buena suerte es el esfuerzo recompensado. Cuando el ser humano deja de creer en sí mismo tiene una tendencia a la pereza y a dejarse llevar sin trazarse metas más altas. En esos momentos en que baja la guardia, le atraen sin remedio las cosas que le aportan una gratificación inmediata pero que le vuelven más débil. El estrés, las prisas, el sedentarismo, el tabaco, el alcohol, ver mucho la televisión, acostarse o levantarse tarde, la comida basura, etc., son malos hábitos que, si los adoptamos, crean un surco en nuestro ser por el que encuentran fácil volver a entrar. El hábito suele ser más fuerte que nosotros, y en el momento de la tentación no atendemos a razones. El fumador compulsivo coge otro cigarrillo aunque sabe el mal que le ocasiona, y el adicto a la comida se sirve una segunda ración aunque ya no tenga hambre. Estas decisiones equivocadas nos destruyen. Eliminarlas no es tarea fácil, pero tampoco difícil. Más bien es cuestión de pensar que podemos lograrlo. Mucha gente lleva años intentando dejar de fumar o poniéndose a dieta sin conseguirlo, pero sólo el pensamiento de que es difícil lograrlo nos separa del éxito. La vida se vuelve más fácil cuando escogemos caminos aparentemente difíciles. Seguir una disciplina nos hace fuertes a todos los niveles. Un cuerpo y una mente equilibrados resisten mejor las adversidades.

Los nuevos hábitos empiezan por consumir agua y alimentos más puros, evitar acumular toxinas y dormir bien toda la noche, ya que un descanso adecuado es indispensable para que la mente esté tranquila y feliz. Reconectar con la naturaleza es esencial, pues nos recuerda la esencia de quiénes somos y nos devuelve el equilibrio. Caminar por un bosque o por la montaña, pasear a orillas del mar o junto a un río, escuchar el murmullo del viento o el canto de los pájaros, el fluir del río o el batir de las olas, es una forma agradable de recargarnos de energía. Potenciar la comunicación de corazón a corazón, esa que nos hace sentir bien, y evitar las personas negativas o superficiales, o los entretenimientos violentos o groseros, son cosas que nos acercan a nuestro ser más puro. Si algo nos aporta bienestar tendremos cada vez más ganas de repetirlo y más tendencia a hacerlo. No será difícil convertir en hábito algo que nos da serenidad.

Períodos de tiempo que lleva cambiar un hábito
Según la filosofía yóguica existen ciclos de tiempo específicos que ayudan a cambiar viejos hábitos y a desarrollar nuevos:
- Lleva 40 días cambiar un hábito.
- Lleva 90 días confirmar el hábito.
- En 120 días el nuevo hábito se ha convertido en tu naturaleza.
- En 1.000 días dominamos el nuevo hábito.

Recuperar nuestra energía

Es nuestro nivel de energía lo que determina nuestro nivel de bienestar. Si nuestra energía fluye sin bloqueos, nuestro organismo rebosa vitalidad y bienestar. En nuestro interior se encuentra una fuente natural de energía ilimitada que se manifiesta cuando eliminamos los bloqueos.

Un cambio de hábitos nos ayuda a eliminar esos bloqueos. Para exponer ese cambio de rutinas me basaré en el sistema de medicina tradicional de la India, el Ayurveda, que con más de cuatro mil años de antigüedad continúa siendo en la actualidad uno de los más vigentes. Por mi condición de terapeuta en Ayurveda he podido constatar que las técnicas ayurvédicas son una forma natural del reequilibrar el sistema mente-cuerpo para restaurar la salud, atendiendo a la correlación que existe entre el ser humano y los elementos de la naturaleza.

Es nuestro fuego digestivo o metabolismo el que descompone los alimentos y los asimila en el organismo. En Ayurveda, a este fuego se le llama *agni*. Si es débil, los alimentos no podrán ser transformados en energía vital y se convertirán en toxinas que bloquearán nuestro flujo de energía. Pensemos en nuestro cuerpo como si fuese un horno y en el metabolismo como el fuego dentro del horno. Necesitamos una cantidad constante de calorías (leña) para que el fuego no se apague. Si le ponemos mucha leña a la vez, ésta no puede arder igual, incluso podemos sofocar el fuego; pero por otra parte, si dejamos de echar leña, el fuego se apagará y nos quedaremos sin energía. Es por eso que si hacemos dieta y dejamos de comer empezamos a estar irritables, cansados y desmotivados. Se trata de mantener siempre el fuego ardiendo para que nuestro cuerpo no deje de quemar calorías, por eso es preferible comer más veces al día porciones pequeñas que tres grandes comidas. Si añadimos ejercicio el fuego se oxigena y quema más rápido la leña. Hemos de tener en cuenta lo siguiente para que el fuego digestivo sea fuerte, y pueda ser la fuente de nuestra ilimitada energía:

- La comida más copiosa del día ha de ser la del mediodía, sobre la una de la tarde (*pitta*, que rige la digestión está en activo y nos ayuda a asimilar y transformar los alimentos en energía).
- Comer en una atmósfera tranquila.
- No comer nunca estando alterado (enfadado, etc.).
- Sentarnos siempre para comer.
- Comer sólo cuando tengamos hambre.

- No hablar mientras masticamos.
- Comer a paso moderado, ni demasiado lento ni demasiado rápido.
- Esperar a haber digerido una comida antes de consumir la siguiente.
- Beber agua natural durante las comidas, nunca helada.
- Comer platos recién preparados en la medida de lo posible. La comida cocinada hace más de siete horas ya no tiene *prana* (fuerza vital).
- No comer alimentos precocinados, que no tienen *prana* y además están llenos de toxinas (conservantes, etc.).
- Se prefiere lo que es más fácil de digerir: los alimentos cocidos a los crudos, lo caliente a lo frío, lo fresco a lo procesado.
- Comer con moderación y a horarios regulares. El aparato digestivo funciona con más eficacia si las porciones son más pequeñas y están repartidas a lo largo del día, de esa forma al cuerpo le será más fácil controlar automáticamente su peso.
- Dejar entre una cuarta y una tercera parte del estómago vacío, para facilitar la digestión. Si dejamos un poco de espacio vacío en el estómago, una hora después de comer nos sentiremos ligeros y optimistas, enérgicos y mucho más frescos.
- Permanecer sentados y quietos durante algunos minutos después de comer. Después es ideal caminar de 5 a 15 minutos para facilitar la digestión.
- Después de la cena, no más tarde de las 7, disfrutaremos de una velada tranquila dedicada a la lectura, la conversación o la música sosegada, evitando las películas de mucha acción o agresividad, que nos llevarían a dormir en un estado de tensión.

Todo esto contribuirá a que nuestra atención no se divida y no se debilite nuestro fuego digestivo. En Ayurveda cómo se come es tan importante como los alimentos que ingerimos. Pero si las toxinas ya se han acumulado en nuestro cuerpo podemos probar lo siguiente para eliminarlas:

Técnicas de purificación para eliminar toxinas

- Debemos beber un poco de agua caliente a intervalos frecuentes durante el día, más o menos cada media hora. Muchas personas afectadas de fatiga crónica han descubierto que esto alivia bastante su problema. Consigamos un termo y tengámoslo a nuestro lado todo el día. La exposición constante a la influencia purificadora del agua elimina las toxinas del cuerpo. El calor ayuda a dilatar y relajar los intestinos, permitiendo una buena limpieza del organismo. No necesitamos consumir grandes cantidades de agua por día, lo importante es la frecuencia y la temperatura para crear un efecto purificador. Es mejor beber agua caliente pura sin añadir nada, aunque una o dos veces al día podemos añadirle limón, que tiene un efecto purificador adicional, pero no cada media hora.
- Hacer una cura de sirope de savia y limón durante diez días como máximo. Es una excelente cura de desintoxicación y nos previene de muchas enfermedades, pero leamos bien el manual antes de hacer la cura y consultemos a nuestro médico si padecemos alguna dolencia.
- Podemos dedicar un día a la semana al consumo de líquidos. Esto permite que los órganos intestinales tomen

un descanso de 24 horas. Eliminaremos impurezas y nuestro fuego digestivo estará reavivado y más fuerte que antes. Podemos consumir agua caliente, zumos de fruta o verduras, caldos o infusiones de hierbas. En Ayurveda se recomienda el *lassi*: media taza de yogur, media taza de agua, añadir miel y cardamomo a gusto y batir; eso equivale a una porción.

Sugerencias para bajar de peso

Si nuestro problema es el exceso de peso, quizás nos sorprenderá descubrir que ese exceso haya sido probablemente causado, no por lo que hemos estado comiendo, sino por cómo lo hemos comido: descuidada o compulsivamente, a la carrera en vez de sentados, entre comidas y no a horas regulares. Son cosas simples, pero que pueden cambiar mucho nuestro peso corporal.

Descontando a una pequeña minoría con problemas hormonales del metabolismo, la mayoría de personas con sobrepeso son víctimas de las malas costumbres debido a un estilo de vida rápido e inconsciente. Todos los cuerpos tienen inteligencia suficiente para saber qué cantidad se debe comer, para saber cuándo el estómago está satisfecho. Se llama reflejo de saciedad. Si nuestra vida está en desequilibrio perdemos ese instinto. Comer por reflejo automático, por ansiedad, o inconscientemente nos lleva a un abuso de la comida y a un seguro sobrepeso. Tenemos que aprender a comer conscientemente, guiados por la inteligencia interior del cuerpo. Ésa es la manera más rápida y sana de recuperar el peso perfecto y el equilibrio corporal.

Las emociones negativas tienen un efecto nocivo sobre la digestión. Si cuando comemos estamos enojados, produciremos *ama* (toxinas mentales) y los nutrientes no se asimilarán ni aprovecharán correctamente, según la medicina ayurveda.

Aparte de estas claves que hemos visto, extraídas de la sabiduría del Ayurveda sobre la alimentación, deberíamos también tener en cuenta algunas claves que nos dan otros expertos en nutrición, y que hacen hincapié en los alimentos que nos ayudan a mantener un cuerpo sano. Por ejemplo, según dice la profesora y experta en nutrición M.ª José Rosselló en su libro *Comida sana*, debemos tomar las calorías justas y tomar carbohidratos de absorción lenta como los cereales, las legumbres, patatas o verduras que nos alimentan y nos quitan el hambre. Sin embargo, debemos dejar aparte los dulces y la bollería que se transforman en kilos rápidamente y no nos aportan nutrientes. La mejor grasa es el aceite de oliva, que además resulta curativo; las grasas de origen animal son por el contrario la causa de muchas enfermedades. Hemos de tener una alimentación variada con una preponderancia de alimentos ricos en fibra, vitaminas y nutrientes naturales como frutas y verduras. Tomar lácteos es recomendable para algunos nutricionistas, pero para muchos defensores de las dietas naturales la leche es más perjudicial que beneficiosa. Sin entrar en polémicas, ahí quedan los dos puntos de vista.

Cómo mantenernos en el peso perfecto aprovechando la Ley de Atracción

Las enseñanzas sobre la Ley de Atracción están de moda. *El Secreto* de Rhonda Byrne y otros muchos libros sobre el tema han comentado ampliamente los efectos de centrar nuestro pensamiento en unas cosas y no en otras. Según esta ley universal, si queremos tener éxito en nuestro esfuerzo nos hemos de centrar en nuestro peso ideal y no en perder peso. Si enfocamos nuestra atención en el hecho de que estamos gordos estamos atrayendo el seguir estándolo. Debemos por tanto imaginar, fingir y actuar como si ya lo hubiéramos logrado. Ésa es la forma de atraerlo. Nunca rechacemos nuestro sobrepeso ni intentemos combatirlo; si luchamos contra algo lo reforzamos y se nos resistirá. Al contrario, tratémonos con amor y afecto, no nos condenemos por tener unos kilos de más. Pensemos que pronto estaremos en forma y nos sentiremos mucho mejor. Si comemos con ansiedad o culpabilidad, temiendo engordar, cualquier cosa que comamos nos engordará. En su lugar, comamos pensando que los alimentos que ingerimos nos convertirán en una persona sana, energética y con un físico agradable. Será nuestra nueva forma de tratarnos y respetarnos lo que nos convertirá en la persona que queremos ser.

Dieta y energía

Según el Ayurveda ciertos alimentos son energizantes naturales, en tanto que otros producen fatiga. Es muy importante evitar los alimentos precocinados o los recalentados. Y recordemos que una vez que un alimento esté cocinado se ha de comer antes de que pasen 6 o 7 horas. Pasado ese tiempo el alimento se vuelve pesado e inerte, sin energía vital, y sólo produce letargo al consumirlo. Es mejor la comida congelada que las sobras recalentadas. Los alimentos frescos, en especial la fruta fresca y recién exprimida, son especialmente energizantes.

Alimentos productores de energía según el Ayurveda (*sátvicos*)
- Frutas y verduras frescas (las verduras se han de hervir porque son más digestivas que crudas).
- Leche entera o *ghee* (mantequilla clarificada).
- Trigo o subproductos, incluidos pan y pastas.
- Arroz, cebada y miel.
- Uvas pasas, dátiles, higos y almendras.
- Aceite de oliva.
- Yogur fresco.
- Legumbres en sopa (*dhal*).

Existen más alimentos energéticos, pero con éstos se puede componer una dieta completa y nutritiva.

Alimentos que reducen nuestra energía (*tamásicos*)
Son difíciles de digerir y contienen o producen toxinas:
- Carnes rojas.
- Alimentos fermentados o ahumados, incluidos quesos muy maduros o agrios.
- Cebollas, ajos y setas.
- Patatas y otras hortalizas que crecen bajo tierra excepto zanahorias y remolachas.
- Azúcar refinado, alcohol y café.

Los alimentos procedentes de animales contienen toxinas y otros desechos producidos por los procesos metabólicos del animal, mientras que los vegetales son más fáciles de digerir. Es recomendable reducir el consumo de carnes rojas y sustituirlo por aves, pescados o alimentos vegetarianos. La reducción de carne elevará nuestros niveles de energía. El azúcar refinado, el café y el alcohol proporcionan un breve incremento de energía que pronto se convierte en fatiga. Hemos de reducir el consumo de estos alimentos gradualmente. Poco a poco, sentiremos el deseo de pasar a una dieta más saludable. Es mejor obtener las vitaminas de los alimentos que en tabletas o jarabes, porque esto puede incluso provocar un desequilibrio adicional.

Según el Ayurveda es interesante incluir los seis sabores en nuestra dieta (dulce, agrio, salado, picante, amargo y astringente) para lograr equilibrio y energía.

Ejercicio y energía

El ejercicio físico es necesario porque, también según el Ayurveda, nos proporciona liviandad, capacidad para trabajar, firmeza, tolerancia ante las dificultades, eliminación de impurezas y estimulación de la digestión. Pero es vital que el ejercicio dé más energías de las que toma, aspecto que la gente tiende a ignorar. El doctor en medicina ayurveda y escritor Deepak Chopra afirma que caminar se aproxima mucho a lo ideal, porque favorece a todo tipo de personas. El objetivo del ejercicio es convertirlo en una poderosa herramienta para lograr el equilibrio.

El ejercicio debería dejarnos siempre listos para trabajar en vez de ser un trabajo en sí. No piensan así numerosas personas que se dejan la piel en los gimnasios. Un ejercicio moderado logra que nos sintamos más vigorosos, alertas y despejados, por lo que obtenemos a un tiempo beneficios mentales y físicos. Sin embargo, un sobreestímulo destruye todos esos beneficios y hace que nos sintamos inquietos y fatigados. Deepak Chopra señala que ejercitarnos hasta el 50 % de nuestra capacidad máxima es suficiente. Si podemos correr diez kilómetros en bicicleta, recorramos cinco. Si podemos nadar 500 metros, nademos 250. Esto hace que el ejercicio sea más eficiente, pues el cuerpo no se ve obligado posteriormente a incrementar el trabajo de reparación y el sistema cardiovascular regresará con mayor facilidad a la situación de normalidad después de la sesión. En lugar de esforzarnos hasta el punto en que empezamos a sudar profusamente y a respirar jadeando, lo haremos sólo hasta que el sudor sea leve y empecemos a respirar por la boca. Éstas son las señales naturales de que estamos en el límite correcto. Si sentimos que jadeamos, transpiramos mucho, o que el corazón nos palpita con violencia es que hemos ido demasiado lejos y vamos a obtener más perjuicio que beneficio.

El yoga: salud y espiritualidad

El yoga es una disciplina milenaria de Oriente, específicamente de la India, con una tradición de 2.000 años. Es una técnica que trabaja la mente, el cuerpo y el espíritu. Es un ejercicio suave que todos podemos practicar para proporcionar flexibilidad al cuerpo, corregir malas posturas corporales y mejorar el estado general de la salud. Incluso puede sanar algunas enfermedades. Pero sin obviar los beneficios físicos, el yoga es ante todo una disciplina que tiene el objetivo de unir al ser individual con la conciencia absoluta universal, para liberar al espíritu de la ilusión del tiempo y el espacio. Yoga en sánscrito significa «unión».

La práctica diaria del yoga nos conduce a una vida más larga y sana. Las posturas de yoga o *asanas* fueron desarrolladas para estimular el flujo del *prana*. El *prana* o energía vital se activa mediante determinadas posturas corporales que estimulan las glándulas endocrinas. Así se potencia la circulación de la energía *kundalini*, una energía invisible e inmensurable representada por una serpiente, que duerme enroscada en el *muladhara*, el primero de los chakras, ubicado en la zona del perineo. En la energía *kundalini* reside nuestro verdadero poder personal. Esta energía representa el vasto potencial de energía adormecida en nosotros. Las posturas del yoga ayudan a despertarla y a canalizarla correctamente.

Asana significa en sánscrito «estar presente». Durante las *asanas* hemos de encontrar un punto de quietud y de satisfacción que nos ayude a aterrizar en el presente para gozar de nosotros mismos, de nuestro ser y de lo que nos rodea. El progreso hacia una flexibilidad total debe ser realizado gradualmente, sin forzar al cuerpo y llevándolo suavemente hacia las posturas deseadas. Los antiguos maestros pensaban que la flexibilidad física era más exacta que la cronología para medir la edad de una persona. Creían que la capacidad de doblarse sin romperse protegía de los avatares de la vida. Según los sanadores orientales, la salud se «rompe» cuando nos resistimos al cambio, mientras que se mejora con acciones que están de acuerdo con el cambio. La flexibilidad física, especialmente de la columna vertebral, es importante para un correcto funcionamiento de los nervios. Si la médula espinal se encuentra en una columna vertebral rígida será menos capaz de nutrir neurológicamente al cuerpo. Yogui Bhajan, maestro espiritual e introductor del *kundalini* yoga en Occidente, afirma: «No te harás viejo si tienes una columna vertebral flexible».

Por otra parte, la regulación de la respiración ayuda a tranquilizar la mente y obtener una mayor concentración para realizar las posturas. Realizar las posturas sin su correspondiente respiración y concentración, es como no practicar el yoga. La respiración profunda es por sí misma una técnica que puede restablecer la salud.

Además de proporcionar paz mental, relajación y energía, el yoga acrecienta la fortaleza del cuerpo. Los músculos aumentan su tonicidad y adquieren un mejor aspecto estético. Los huesos se fortalecen previniendo la osteoporosis. La digestión mejora, y también los sistemas cardiovascular y respiratorio. Todas estas ventajas se combinan para mejorar perceptiblemente la calidad de vida de las personas que sufren estrés, depresión o tensiones diversas. Según el doctor en medicina Drama Singh Khalsa, con el estrés, los músculos, tendones y ligamentos pueden cubrirse literalmente de cemento, y así el estrés queda encerrado en el cuerpo. El yoga ayuda a relajar los tejidos profundos y a liberar las emociones encerradas en ellos. Además, el yoga es una excelente forma de retrasar el envejecimiento y de aprender nuevas formas de ver la vida que nos aportan más alegría y paz interior. Con esa nueva actitud nuestra belleza interior, en lugar de disminuir con los años, nos hará aparecer cada vez más atractivos.

Todo tipo de personas pueden beneficiarse de las posturas suaves del yoga y de la respiración equilibrada. Los diferentes tipos de *asanas* (posturas) y ejercicios que hay en el yoga tienen unos beneficios concretos según de qué tipo sean:

- Los de *tonificación* y *calentamiento* favorecen la circulación y mejoran el flujo sanguíneo en todo el cuerpo.
- Las *posturas de asiento* ayudan a crear estabilidad, un debido alineamiento de la columna y una buena posición.
- Las *flexiones hacia delante* estimulan la digestión y aumentan la flexibilidad de la espalda.

- Las *flexiones hacia atrás* crean movilidad y agilidad en la espalda, al tiempo que vigorizan.
- Las *posturas invertidas* estimulan el sistema endocrino, incrementan la circulación y proporcionan una relajación profunda.
- Las *torsiones* ayudan a la digestión y la eliminación, además de entonar la columna vertebral.
- La *respiración profunda* aumenta la oxigenación de las células, la concentración, el equilibrio y la calma mental.

El «saludo al sol» es una serie de ejercicios completos que integra mente, cuerpo y respiración. Fortalece y estira todos los grandes grupos musculares, lubrica las articulaciones, acondiciona la columna y masajea los órganos internos. La circulación sanguínea se incrementa en todo el cuerpo. Con la práctica regular se gana en estabilidad, flexibilidad y gracia. En cualquier libro sobre yoga aparece esta serie de ejercicios tan conocida. La hemos de ejercitar lentamente, sin forzar el cuerpo, manteniendo las posturas unos pocos segundos y luego liberando con tranquilidad. Nunca debemos entrar en ellas de un golpe ni salir bruscamente. En cada postura, hemos de llegar hasta el punto en que sintamos tensión, avanzar hasta donde podamos sin hacer esfuerzo. Permitamos que nuestra conciencia vaya naturalmente hasta la zona del cuerpo que se está estirando. No debemos excedernos, no forcemos ni estiremos demasiado, y no nos olvidemos de la respiración; relajémonos en la postura y disfrutémosla. Con la práctica y en mucho menos tiempo del que pensamos aumentará nuestra fuerza, flexibilidad y agilidad, por eso no es necesario al principio exigir al cuerpo demasiado.

La práctica del yoga nos aleja de la negatividad y nos acerca a una vibración energética donde automáticamente atraemos a nuestra vida más experiencias agradables. Con el yoga unimos cuerpo y espíritu y reparamos la fragmentación constante a la que nos somete nuestra mente, experimentando la paz de la unidad.

Estrés y energía

La relación que hay entre mente y cuerpo físico es cada vez más evidente, incluso a nivel científico. Cada pensamiento y cada emoción liberan unas sustancias llamadas neuropéptidos que circulan por todo el cuerpo y que tienen diferentes efectos en todos los procesos fisiológicos, incluida la inmunidad. Las endorfinas, por ejemplo, son analgésicos naturales que produce el cerebro. La palabra «endorfina» viene del griego y significa «morfina producida en el interior». La morfina es la droga analgésica más potente que utiliza la medicina, y muchas endorfinas que produce el cuerpo de forma natural son cien veces más potentes que la morfina, según afirma Deepak Chopra. Además, el cuerpo es capaz de producir no sólo analgésicos poderosos, sino miles de sustancias químicas (hormonas) para curarse a sí mismo. Estas sustancias bioquímicas naturales tienen la ventaja de que el cuerpo las produce en la cantidad exacta y en el momento adecuado y no tienen efectos secundarios. Poseemos una completa farmacia en nuestro interior que se activa cuando no sufrimos desequilibrios. Nuestra mente es quien controla los procesos a través de los cuales se segregan estas medicinas naturales. Una mente en equilibrio produce las sustancias adecuadas en el momento adecuado, sin embargo una mente estresada pierde esa capacidad. El estrés debilita todos los sistemas empezando por el sistema digestivo y el inmunológico, ya que el cuerpo moviliza constantemente la energía hacia los músculos para enfrentarse a lo que él percibe como crisis, así el cuerpo no puede producir más energía y se produce la fatiga crónica.

Necesitamos técnicas como la meditación y el yoga, con capacidad de revertir esos procesos degenerativos que produce el estrés, y enseñar a nuestra mente a tener pensamientos y emociones que liberen las sustancias químicas que nos mantendrán sanos y felices.

Una nueva rutina diaria acorde a los ciclos de la naturaleza

En nuestro interior existen ciclos gobernados por la naturaleza. Conocer estos ciclos y respetarlos nos ayudará a conseguir nuestra excelencia física. El más importante de nuestros tempos internos es el ritmo circadiano, un ciclo de veinticuatro horas que controla muchos procesos fisiológicos importantes, incluidas la temperatura corporal y la producción de hormonas. El cortisol, por ejemplo, la hormona que nos ayuda a hacer frente al estrés, está alto por la mañana y bajo a primera hora de la noche. Por eso hay momentos en los que es adecuado dedicarse a unas actividades y no a otras. Estos ritmos biológicos son como olas que pasan por encima de nosotros constantemente; hemos de aprovechar la fuerza de la ola y dejarnos llevar.

El ritmo perfecto de un día sería: levantarse de seis a ocho de la mañana, almorzar de doce a una de la tarde, cenar de seis a siete de la tarde, y acostarse de nueve y media a diez y media de la noche. Con esto sintonizaremos con los ciclos naturales que nos ayudarán a llevar el ritmo diario de una forma natural, y estaremos así aprovechando la fuerza de la ola.

Levantarse una hora antes del amanecer nos permite aprovechar las cualidades de ligereza, entusiasmo y frescura de *vata*, el elemento aire, que están en la naturaleza de dos a seis de la mañana y de la tarde. Levantarse al amanecer proporciona al cuerpo estas cualidades que se mantendrán durante todo el día. La mañana está cargada de *prana*, o energía vital, la cual aprovecharemos si estamos despiertos a esta hora. La naturaleza nos regala, además, el espectáculo del amanecer, el aire sereno y fresco, y el sonido de los pájaros. Estar en silencio al despertar, sentirnos alerta y despejados nos ayuda a contactar con nuestro interior y permanecer conectados durante el día. Es un momento ideal para realizar posturas de yoga y meditar. Cada nuevo día nos ofrece una nueva oportunidad para gozar de esos momentos mágicos de paz y buenas vibraciones. Por el contrario, si despertamos entrada la mañana nuestro día tendrá las cualidades de *Khapa*, el elemento tierra, que se encuentran en la naturaleza de seis a diez de la mañana y también de la tarde: pesadez, torpeza y lentitud. Es decir, conviene acostarse temprano y levantarse también temprano. Este plan ha de seguirse fielmente, incluido fines de semana y vacaciones, pues una variación ocasional puede desequilibrar estos ritmos biológicos.

Para levantarse al amanecer es preciso acostarse temprano. Irse a dormir alrededor de las diez de la noche es perfecto para que los ritmos del cuerpo se aplaquen de manera natural, proporcionando un sueño más profundo y relajado, y dando tiempo al cuerpo de generar tejidos nuevos, lo que ocurre principalmente por la noche. Dormir bien por la noche es un factor muy relacionado con la longevidad. Si nos vamos a dormir después de las once perderemos el descanso rejuvenecedor. El sueño iniciado después de las diez es más ligero y menos reparador, ya que el siguiente período, *pita*, elemento fuego, que está presente en la naturaleza de las diez a las dos de la noche y también de la mañana, nos hace desear otra vez la actividad. Ésta es la razón por la que sobre las nueve o nueve y media de la noche nos solemos sentir soñolientos, y alrededor de medianoche, en el momento más álgido del período *pita,* tenemos una nueva oleada de energía.

Es muy importante que nuestro ciclo de sueño esté en armonía con los ritmos naturales. Acostarnos temprano es la clave de este cambio de rutinas. Con unas semanas de autodisciplina comprobaremos que realmente es así como siempre habíamos querido sentirnos.

Otros hábitos saludables importantes

1. *Reducir la velocidad*

A pesar de nuestra obsesión por ganar tiempo, por más deprisa que vamos, nunca logramos ganar ni unos minutos de ese precioso material del que está compuesta nuestra vida. Nuestro tiempo nunca parece expandirse. Aunque hacemos muchas cosas a la vez, nunca conseguimos tener más tiempo para «vivir». No obstante, no vemos algo tan obvio y eso nos resta cada día calidad de vida.

Aprovechar el tiempo no quiere decir hacer más cosas en un día, sino estar verdaderamente despiertos y sintiendo lo que sucede en cada instante, lo cual no se puede hacer cuando vamos corriendo. Decimos que no tener tiempo nos estresa, pero la realidad es que al estar estresados tenemos la impresión de no tener tiempo. Intentemos calmarnos un poco y veremos cómo nuestra percepción del tiempo cambia. No deberíamos necesitar una desgracia en nuestra vida para valorar lo que valen las personas y las cosas sencillas que dejamos de apreciar al ir tan deprisa.

Con el movimiento «Slow» (lento) se ha puesto de moda toda una corriente que propugna el hacer lento para poder disfrutar más de las cosas, reivindicando una nueva escala de valores basada en trabajar para vivir y no al contrario. Sus seguidores hablan del «síndrome de la felicidad aplazada», que es la angustia de la persona sin tiempo suficiente para sus obligaciones diarias, que pospone todo momento gratificante esperando un futuro mejor que nunca llega. El movimiento «Slow» se originó en 1989 por el periodista italiano Carlo Petrini, ultrajado por la apertura de un restaurante de comida rápida en la Plaza de España de Italia. A raíz de eso se creó el «Slow Food» (comida lenta) y de ahí surgieron las «Slow Cities» (ciudades lentas). Este movimiento, cuyo logo es un caracol, se ha convertido en toda una filosofía de vida en donde no hay lugar para las prisas y en la que se valoran los pequeños placeres como comer, dialogar o disfrutar de la naturaleza. *El elogio de la lentitud* de Carl Honoré sería el manual de iniciación para cualquier interesado en esta tendencia.

En definitiva, se trata de vivir nuestra vida cotidiana con una nueva conciencia. Hacer muchas menos tareas poniendo mucha más atención en ellas. No ver una tarea como un obstáculo a superar para conseguir otro fin. Ir más lentamente nos permite disfrutar con lo que hacemos y dar lo mejor de nosotros. La aceleración y la prisa pierden todo el sentido cuando por determinados hechos vitales la vida nos hace saber que ésta es efímera y que su final puede ser en cualquier momento.

2. *Centrar la atención en una sola cosa*

Nuestra cultura moderna nos lleva también a la dispersión mental. Nos incita constantemente a fragmentar nuestra atención y sucumbimos ignorando el daño que eso nos provoca. Es común que para «ganar tiempo» hagamos varias cosas a la vez, lo cual significa que no experimentamos en profundidad lo que hacemos. La consecuencia directa de una mente desenfocada es el estrés. La acumulación de actividades simultáneas nos produce una sensación de falta de libertad y de angustia.

En el budismo la práctica de la atención mental es una de las causas de la extinción del sufrimiento. Se presta atención al cuerpo, a los sentimientos y al estado de la mente. Es una práctica de control mental muy importante, porque cuando enfocamos la mente, ésta se calma.

Cuántas veces vemos en las noticias que un determinado accidente, que le costó la vida a alguien, fue causado por una imprudencia, que no es más que una falta de atención. Si ponemos la atención en una sola cosa cada vez podemos evitar vulnerar la vida de las personas. Un trabajo mal hecho en según qué campo puede tener consecuencias nefastas. Para trabajar de forma eficiente hay que hacerlo poniendo plena atención para que no nos pasen desapercibidos detalles que pueden tener importantes consecuencias.

También es valioso adquirir el hábito de pensar antes de actuar o de hablar, para evitar hacerlo por el impulso de emociones dañinas que podrían ser causa de sufrimiento para nosotros y para los demás. Un tempo más lento nos ayudará a ser más reflexivos y a no hablar por hablar ni actuar inoportunamente.

Hoy en día muchos psicólogos clínicos están introduciendo en sus terapias antiguas prácticas que vienen de la filosofía budista, como la meditación o el «*mindfulness*», la práctica de la atención plena, porque se ha comenzado a demostrar su eficacia terapéutica. Resumiendo, actuar poniendo nuestra atención en una sola cosa cada vez nos ayuda a desarrollar la concentración, lo cual nos lleva a sentirnos más libres, a gozar de las cosas y, no por último menos importante, a tener relaciones más satisfactorias con las personas que nos rodean. Las relaciones a la que prestamos nuestra atención florecen como plantas bien cuidadas. Escuchar a una persona mientras ponemos la atención en otra cosa es una falta de respeto que nos hace perder la conexión que tenemos con ella. Si verdaderamente apreciamos a alguien, lo mejor que podemos regalarle es nuestra atenta escucha y nuestra presencia. Reflexionemos sobre cuántas veces les hacemos estas ofrendas a los seres que estimamos o, por el contrario, cuántas veces los ofendemos con la falta de las mismas.

Si realizamos una sola cosa cada vez mientras inspiramos y espiramos conscientemente pasaremos del pensar al sentir, es decir, saldremos del plano mental y sentiremos instantáneamente más paz mental.

En definitiva, hacer una sola cosa cada vez es un entreno para la vida consciente. Empecemos por aquí. Hacer más de una cosa cada vez para ganar tiempo es absurdo, ya que en esa dirección el tiempo corre más rápido que nosotros y nunca lo atraparemos. Son, por el contrario, la lentitud y la plena atención lo que ralentiza nuestra vida, dándonos la sensación de que el tiempo se expande. ¿Nos hemos preguntado alguna vez qué hacemos con el tiempo que ahorramos al ir corriendo todo el día?

3. *Poner primero a los demás*

Poner primero a los demás es un comportamiento que puede cambiar nuestras relaciones como por arte de magia. Lo más común es estar centrados en nosotros mismos y en nuestro propio bienestar y beneficio. Esto nos lleva a sentirnos solos, inseguros e insatisfechos. El egoísmo y el descontento con la vida van a la par. Pensar genuinamente en los demás nos aporta mucha más felicidad que estar centrados exclusivamente en nosotros. Cuanto más amor seamos capaces de desearles a las otras personas, más felices seremos. Pero esa capacidad de amar no surge antes de haber aprendido a darnos ese amor a nosotros mismos, lo cual no es lo mismo que pensar egoístamente. El egoísmo no refleja un exceso de autoestima, sino un exceso de miedo que nos lleva a vivir por y para uno mismo y que, finalmente, es una causa directa de la depresión. Podemos romper esta tendencia empezando por pensar más en las necesidades de los que nos rodean. Si podemos mantener esta actitud estaremos inmunizados contra el desánimo. Sólo tenemos que hacer la prueba y dejarnos sorprender por el resultado.

Tenemos que ser capaces de ver en los demás nuestra propia esencia, de sentir lo que les duele y también de sentir regocijo ante sus alegrías. No estamos separados. Sólo nos separa la visión fragmentada de nuestra mente. Desde la correcta visión de las cosas, desde el corazón, somos uno. Ver la realidad nos permitirá poner primero a los demás y sentir que eso es lo que nos hace más felices.

Los caminos que llevan al Mundo Real

La forma más sencilla de llegar a nuestro destino es saber exactamente adónde vamos. Cuanto más nos concentremos en el objetivo principal, más atraeremos a las personas, recursos o situaciones que pueden ayudarnos en el viaje. Si utilizamos nuestra limitada energía vital para movernos en diferentes direcciones, no llegaremos nunca a ningún sitio.

Nuestro objetivo es cambiar nuestra mente, nuestra interpretación de las cosas y nuestra actitud. Es inútil intentar cambiar a las personas y las situaciones que no nos gustan si lo que hay fuera es sólo una proyección de nuestro universo interior.

En primer lugar, nos haremos conscientes de que el origen de nuestro descontento está en nuestros estados mentales negativos y de cómo lograr crear las causas de felicidad allí donde ésta se origina: en nuestra mente.

Seguidamente veremos cómo el lenguaje puede ser nuestro mejor aliado para positivizarla. Poner atención en lo que decimos y pensamos nos puede ayudar a cambiar desde dentro.

Y, por último, nos haremos conscientes de que cada paso en nuestra vida cotidiana nos lleva hacia nuestro destino o nos aleja de él, centrar nuestra vida en conseguir tener más confort y posesiones materiales nos mantendrá enganchados a una felicidad efímera que viene y va, y alejados del camino que nos lleva a la felicidad duradera. Necesitamos ser conscientes al elegir el contenido de nuestra vida porque nuestras actividades diarias y todo lo que absorbemos a lo largo del día pasa a formar parte de lo que somos.

La mejor brújula para saber si vamos por el camino correcto será nuestro corazón. Éste nos indicará si la ruta por la que hemos optado es la mejor. Si durante el trayecto nos sentimos conectados con nuestra fuente de bienestar, ésa será nuestra mejor guía.

Cambiar nuestra mente cambia nuestras circunstancias

> *Desarrolla el equilibrio en tu mente. Elogios y reproches siempre los recibirás, pero no dejes que afecten a tu actitud mental. Sigue la calma, la ausencia de orgullo.*
> NIPATA SUTTA (escrito budista)

No existe una única realidad sólida que sea igual para todos. Aunque dos personas compartan el mismo techo y las mismas vivencias, cada conciencia vive su propia realidad. Bajo las mismas circunstancias una persona es feliz y otra se siente desdichada. Nuestro universo interior es tan vasto como el universo exterior. Escoger en la vida unos caminos y no otros determina nuestro grado de felicidad y satisfacción.

Miremos nuestra vida por unos instantes. Solamente nosotros sabemos lo que nos hace más felices: los grandes viajes, las fiestas, salir por la noche, los flirteos amorosos, comprarnos ropa... Todas estas cosas nos satisfacen momentáneamente, pero sólo para volver a dejar una sensación de vacío en nuestro interior. Incluso es posible que en una fiesta significativa hayamos podido sentirnos más tristes que nunca. Si profundizamos nos daremos cuenta de que lo que nos hace felices es compartir nuestro tiempo con quien realmente deseamos estar, comunicarnos verdaderamente de corazón a corazón, sentir que nos entienden. En un momento difícil, poder apoyarnos en un amigo puede mantenernos en contacto con lo bueno de la vida y, gracias a esa amistad, podemos sentir que en ese momento, a pesar de todo, la vida tiene sentido. Es en los pequeños momentos en los que disfrutamos de la luz del sol, de la presencia de los demás y de la suavidad del aire cuando nos sentimos plenos y felices.

A veces podemos sentir tristeza o desazón en una fiesta glamurosa y, por el contrario, sentir calma en medio de una situación desgraciada. Hay personas que se sienten plenas aun hallándose en circunstancias adversas y en momentos complicados porque han aceptado su realidad y, a pesar de todo, viven la esencia de sus días; y personas que a pesar de tenerlo «todo» se sienten muy desgraciadas y caen en depresiones y adicciones. Tener una vida regalada no es garantía de felicidad, más bien al contrario: no tener que luchar por algo nos impide apreciar el valor de las cosas y, por tanto, apreciarlas en su justa medida.

Entonces, si las circunstancias no son tan determinantes, ¿de qué depende nuestra sensación de bienestar? ¿Qué es lo que nos hace sentirnos felices? El concepto de que la felicidad viene del interior está bastante extendido, no obstante, seguimos insistiendo en buscar fuera lo que sabemos que no vamos a obtener. Pero ¿qué significa exactamente que la felicidad viene del interior? Necesitamos comprender por qué somos infelices, dónde se origina esa infelicidad.

Si observamos atentamente veremos que el sufrimiento surge de una fuente: nuestros estados mentales. Cuando estamos enfadados somos infelices, cuando tenemos envidia somos infelices, cuando sentimos deseo percibimos una emoción positiva, porque anticipamos el placer que nos dará el objeto deseado, pero esa emoción del deseo altera nuestra calma y nos hace infelices. La causa de nuestro sufrimiento mental se encuentra en las actitudes mentales negativas que nos causan inquietud y nos alejan de nuestra paz. Son nuestros estados mentales los que determinan el grado de felicidad que sentimos en cada momento. Si sentimos celos, todo a nuestro alrededor nos refleja esa experiencia. Si sentimos amor, todo se tiñe de rosa amoroso. Cada vez que sentimos emociones como la cólera, los celos, la envidia o el odio, nos convertimos en la emoción misma y experimentamos un fuego que arde en nuestro interior y que destruye nuestro bienestar. En ese instante vivimos en el infierno. Por el contrario, los estados mentales positivos como la generosidad, la paciencia, el respeto, la compasión, la ecuanimidad o la honestidad nos llevan a sentirnos en el mismo cielo. El cielo no es nada más que un estado mental positivo. Y el infierno son nuestros estados mentales negativos. Ambos están en nuestra realidad, vienen y van. Lo interesante es conseguir que el cielo esté más presente que el infierno en nuestra vida.

Por lo tanto, la felicidad y la paz mental se hallan cuando eliminamos las causas, si no hay causa no hay consecuencia. Si no hay actitud mental negativa no hay inquietud. No se trata de renunciar a vivir sino de ver que si algo nos quita la paz ése es el origen de nuestro dolor. Si queremos tener paz debemos empezar por meditar sobre la naturaleza de nuestro sufrimiento. ¿De dónde viene nuestro malestar? Las causas están en nuestra mente. Para eliminar las consecuencias tenemos que evitar ciertas actitudes mentales negativas que son la causa directa. Antes de hacer una cosa debemos preguntarnos: ¿Va a hacerme esto más feliz o más desgraciado?, ¿y a los que están a mi alrededor? Y actuar en consecuencia. La bondad produce felicidad, la maldad sufrimiento. Únicamente la comprensión profunda de las causas de nuestro sufrimiento cortará las ataduras que nos ligan a él.

Si queremos ser felices hemos de dejar de perder el tiempo buscando fuera de nosotros las causas de nuestro bienestar. Podemos creer que sin estabilidad en las relaciones o en el trabajo no podemos ser felices pero eso es un espejismo. Lo más rápido y eficaz es buscar la estabilidad mental. Comprobémoslo por nosotros mismos calmando nuestra mente y viendo qué efecto tiene en nosotros y en nuestra vida. Somos dichosos cuando podemos disfrutar de lo que somos saboreando la vida con calma. Imagínate cualquier vivencia agradable, como comerte un pastel de chocolate. Si tu mente está agitada y lo devoras con apego pensando que se te acaba, esto te estropea el placer de comértelo. Si, por el contrario, te lo comes despacio y tranquilamente pensando en saborear cada bocado sin temer que se acabe, tu mente tranquila y consciente te lleva al instante presente y te da un placer intenso continuado. Nuestra vida es un pastel de chocolate, miremos de qué forma nos lo vamos a comer, así sabremos si vamos a obtener de ella placer o sufrimiento.

En definitiva, busquemos la felicidad allá donde se encuentra. No hagamos como la mujer del siguiente cuento hindú:

¿Acaso lo habéis perdido allí?

Una tarde la gente vio a Rabiya buscando algo en la calle frente a su choza. Todos se acercaron a la pobre anciana.

—¿Qué pasa? ¿Qué estás buscando?

—Perdí mi aguja –dijo ella.

Y todos la ayudaron a buscarla. Pero alguien le dijo:

—Rabiya, la calle es larga, pronto no habrá más luz. Una aguja es algo muy pequeño, ¿por qué no nos dices exactamente dónde se te cayó?

—Dentro de mi casa –respondió ella.

—¿Te has vuelto loca? –gritó la gente–. Si la aguja se te cayó dentro de casa, ¿por qué la buscas aquí fuera?

—Porque aquí hay luz y dentro de la casa no.

—Pero aun habiendo luz, ¿cómo podemos encontrar la aguja si no es aquí donde la has perdido? Lo correcto sería llevar una lámpara a la casa y buscarla allí.

Y Rabiya se rió.

—¡Sois tan inteligentes para las cosas pequeñas! ¿Cuándo vais a utilizar esta inteligencia para vuestra propia vida interior? En el tiempo que os conozco os he visto siempre infelices, intentando cubrir vuestra infelicidad con cosas exteriores, buscando afuera lo que sé, por mi propia experiencia, se encuentra dentro de vosotros mismos. Usad vuestra inteligencia. ¿Por qué buscáis la felicidad en el mundo exterior? ¿Acaso la habéis perdido allí?

Todos se quedaron sin palabras y Rabiya desapareció dentro de su casa.

- Ser conscientes de que cuáles son las causas de nuestro sufrimiento y renunciar a ellas.
- Ser conscientes de cuáles son los pensamientos y emociones que nos atrapan y nos infunden nuestros diferentes estados mentales.
- Sustituir las acciones y los pensamientos negativos por otros positivos que nos aporten paz mental.
- El cambio radical se produce cuando abandonamos nuestra mente literalmente por medio de la meditación. La confusión cesa al instante cuando trascendemos la mente conceptual.

Cambiar nuestro lenguaje cambia nuestra mente

> *Mejor que mil palabras sin sentido es una palabra con sentido que da paz al que escucha.*
> Dhammapada

> *A menos que nuestro discurso contenga amor, saldrá mal de nuestra boca.*
> Ayya Khema,
> escritora y monja budista (1923- 1997), *La isla interior*

La manera en que nos expresamos determina nuestro carácter y nuestra visión del mundo. Si nos centramos en cambiar nuestra forma de hablar podemos cambiar también nuestra forma de ver el mundo y la forma en que nos ven. Las palabras son un arma de doble filo: pueden crear algo bello o destruirlo todo. Una sola palabra puede cambiar la vida de una persona, o destruir la de muchas. Además, las palabras son semillas en nuestra mente que un día germinarán y moldearán nuestras futuras experiencias. El poder que tienen las palabras es inmenso. Miguel Ruiz en *Los cuatro acuerdos* dice que pueden actuar como magia blanca o magia negra, según las utilicemos. El autor sostiene que hemos de ser impecables con las palabras y utilizarlas en la dirección de la verdad y del amor hacia nosotros mismos y hacia los demás sin propagar con ellas nuestro veneno personal expresando rabia, envidia u odio. Tampoco debemos hacer magia negra contando mentiras y chismes. Un ejemplo de magia negra es decirnos a nosotros mismos cosas como: «Estoy gordo, soy feo, me hago viejo, soy estúpido, nunca entiendo nada, nunca seré lo suficientemente bueno, nunca seré perfecto, nunca aprenderé esto o aquello, etc.» Y, por supuesto, lo mismo dicho a otra persona es como un hechizo de magia negra contra ella.

Lo que nos decimos o pensamos sobre nosotros marca nuestro nivel de autoestima. Utilizar el lenguaje correctamente nos hace sentir bien. Hemos de usar las palabras para compartir nuestro amor, empezando por el amor hacia nosotros mismos. Decirnos lo maravillosos que somos y lo mucho que nos queremos tiene un poder infinito para cambiar nuestra vida y para transformar el miedo y la carencia en amor y alegría. Decir a los que nos rodean lo mucho que valen y lo maravillosos que son cambiará sus vidas. No destruyas la vida de nadie con tus palabras. No transmitas tu negatividad a través de ellas. Trata de escoger palabras y formas de expresarte que construyan un mundo mejor para ti y para los que te rodean.

Las palabras que transmiten paz y amor tienen una alta frecuencia vibratoria; sin embargo, las que tienen poder destructor son de una vibración baja y pesada. Las palabras que expresan rabia, queja o lamento atraen a nuestra vida todo lo malo que hay en las bajas frecuencias. Los insultos, las palabras que expresan violencia, dolor, abuso, envidia, culpabilidad o cualquier otra emoción negativa, rebotan como si dieran contra una pared de frontón, y esas energías vuelven a nosotros en la misma medida o amplificadas. En las vibraciones pesadas también se encuentran la enfermedad, las dolencias crónicas, la pobreza y cosas semejantes. Necesitamos cambiar el lenguaje negativo por palabras que expresen perdón, compasión y paz, y que nos eleven de frecuencia energética para dejar de atraernos desgracias. Sentirnos bien está asociado con palabras y pensamientos positivos. Por el contrario, sentirnos mal está asociado con pensamientos y palabras negativas. Siempre vivimos experiencias que tienen que ver con la vibración que estamos irradiando.

Tienes el poder en tus manos, utiliza las palabras para expresar lo hermoso que es estar vivo y para recordarle a los demás lo increíbles que son. Una palabra de ánimo, un gesto afectuoso o una sonrisa puede hacer que alguien se sienta apreciado, respetado y reconocido, y marcar una gran diferencia en su vida. Expresar alegría y entusiasmo eleva nuestra frecuencia rápidamente y también la frecuencia de los que nos rodean. Puedes despertar la alegría en los demás siendo amable con tus palabras y actitudes y teniendo un corazón con intenciones puras.

Sé impecable, deja de dañar con tus palabras. Sé excelente, utiliza tus palabras para ayudar a los que te rodean a elevarse a un nivel superior.

> *Hay tres cosas que nunca vuelven atrás:*
> *la flecha lanzada, la palabra pronunciada*
> *y la oportunidad perdida.*
> PROVERBIO CHINO

Elegir con conciencia el contenido de nuestra vida

La vida es muy corta, y hay muchos tipos de conocimiento.
Que el que no sabe ni la propia duración
de su vida sólo elija entre sus deseos más puros.
ATISA,
sabio budista (Tíbet, 982-1054)

Nuestras vidas están llenas, saturadas de cosas que no son realmente tan importantes y que no nos satisfacen plenamente, pero a las cuales dedicamos la mayor parte de nuestro tiempo. Hemos convertido tener un mejor coche, una mejor casa o un mejor trabajo en lo más importante en nuestra vida, pero simplemente no lo es. Es un hecho que cuando conseguimos el coche, la casa o el trabajo eso sigue sin satisfacernos; quizás para entonces ya tengamos en mente otro modelo nuevo de coche, siempre habrá un último modelo, una casa aún más espaciosa y perfecta y un trabajo con más posibilidades. Por este camino la vida seguirá siempre sin satisfacernos. La riqueza material y el confort no dan la felicidad. Nos ayudan a sentirnos mejor, pero sólo momentáneamente, después la mente sigue buscando. Está en la naturaleza de la mente seguir buscando. Cuenta la historia que los dioses, enfadados por la necedad de los hombres, escondieron la divinidad dentro de sus corazones, porque de este modo no podrían encontrarla tan fácilmente y así lograrían entender su valor. Si nuestra meta es encontrar esa divinidad, ese estado de paz y alegría en nuestro interior, no debemos dedicar todo nuestro esfuerzo solamente a conseguir mejoras materiales porque eso no nos conducirá hacia ello. Echemos una ojeada a la situación actual de una sociedad como la norteamericana. El boom que se vive allí del *New Age* y la espiritualidad se debe, en gran parte, a que tener la prosperidad material como único objetivo deja a las personas un gran vacío en su corazón, no pueden comprender por qué no son felices, pues realmente lo tienen «todo». En una entrevista hecha a Andrew Weil, doctor especialista en medicina natural y alternativa, éste respondía que los países mentalmente más sanos que había visitado eran la India y Brasil, precisamente los más pobres a nivel material y económico. Weil comentaba que esto se debía a que en la India desarrollan una gran vida espiritual y en Brasil tienen bastante intacta la cohesión familiar: abuelos, hijos y nietos forman unas redes de afecto maravillosas que duran toda la vida de una persona. Es decir, que los factores clave para que la persona se mantenga emocionalmente sana y sea más feliz son los valores humanos y volver la vista hacia nuestro interior, justamente lo que se está perdiendo en las sociedades occidentales. Por otra parte, es cierto que empezamos a buscar en nuestro interior, solamente después de haber constatado que la felicidad no se hallaba en las cosas externas. Por este motivo en este momento de materialismo exacerbado hay tanta gente buscando un sentido más profundo de la existencia.

Mi planteamiento no es que haya que renegar de lo material, sino simplemente que no hagamos de la búsqueda del confort material el eje central de nuestra vida. Si nos dedicamos a vivir el presente y a agradecer lo que ya tenemos, nacerá dentro de nosotros una conciencia de abundancia, con la cual lo material nos vendrá por añadidura y sin esfuerzo. Además, conseguir el éxito material no quiere decir que hayamos sembrado las semillas para disfrutarlo. Solamente podemos disfrutar de las cosas cuando no dependemos de ellas para ser felices. En un estado de apego e inconsciencia lo material nunca llena nuestro vacío interior. Muchas personas que dicen haber conseguido el «éxito» en su vida se dejaron tristemente en ese camino laureado su salud, su vida familiar y sus amistades, es decir, lo más esencial en la vida de una persona. Nuestra vida se ha convertido en una trampa mortal, le llamamos triunfar a tener una vida llena de tensión, sin espacio ni tiempo para saborear nuestros logros. Nos pasamos todo el día corriendo de una actividad a otra, para volver a repetir el mismo comportamiento absurdo al día siguiente. Por muy altos que sean nuestros salarios no llegan a cubrir nuestros gastos porque vivimos muy endeudados; disponemos de todo tipo de aparatos y muebles ergonómicos para el confort, pero sufrimos de mal de espalda crónico debido a las preocupaciones y a la falta de descanso. Tenemos mucha gente alrededor y múltiples contactos virtuales, pero pocas relaciones significativas y profundas. Para muchas personas el día amanece siempre gris y su mirada triste y sin ilusión refleja el sol que se ha apagado en su corazón. Eso no puede ser el éxito, nuestro ser interior percibe esta verdad. La depresión que nos acecha no es más que un indicador interior de que hemos perdido el norte. El camino no es ése.

No actuamos sabiamente cuando no nos damos tiempo para disfrutar de nosotros mismos, cuando no nos regalamos ese tiempo necesario de soledad para reencontrarnos. No debemos pensar que la vida es simplemente así y no podemos cambiarla. La sociedad, la familia y las circunstancias pueden imponernos restricciones y limitaciones pero siempre podemos hacer algo para empezar a cambiar las cosas. Nos creemos imprescindibles y, cuando la enfermedad o un accidente nos hacen parar en seco, nos damos cuenta de que no lo somos. Tenemos que dejar de funcionar al límite. Reflexionemos sobre lo que está en nuestras manos para cambiar esta situación. Por ejemplo, empezar por valorar más las cosas que ya tenemos, y preguntarnos si realmente necesitamos todo lo que nuestro ego anhela persistentemente. Quizás nos aporte mucho más un horario de trabajo más reducido a cambio de prescindir de un nuevo par de zapatos, un pequeño viaje, o un nuevo televisor. Nuestro ser interior percibe nuestras verdaderas necesidades, pero nuestro ego o personalidad las niega. El ego siempre quiere más y si no lo frenamos acabará enfermándonos. Necesitamos la paz y el silencio en nuestra vida y, si no, preguntémosle a nuestro corazón.

Somos lo que percibimos: cuidemos los materiales con los que construimos nuestra vida

Somos lo que sentimos y percibimos. Si estamos airados somos la ira, si estamos enamorados somos el amor. Si miramos una montaña somos esa montaña. Dejar entrar en nuestro ser cosas que nos alteran y nos alejan de nuestra paz nos vuelve seres miserables. Los programas de televisión que se dedican a denigrar a los demás y a escarbar en sus vidas, las conversaciones que son una queja constante o la violencia en todas sus formas, son basura que entra en nuestro interior, nos altera y nos destruye como seres humanos. No pierdas tu humanidad, elige bien los materiales con los que construyes tu vida, pues ellos crearán las texturas de tus días y de tus horas. Elige a diario hacer las cosas que te aporten paz y armonía. Elige expresarte de forma afable y con palabras que surjan del aprecio por todo y por todos.

Escucha música agradable, mira películas en las que el alma del director le hable al corazón y en las que puedas aprender sobre el ser humano y cómo ser mejor persona. Elije bien el paisaje, las personas, la conversación, la comida… Siéntate junto al mar, un río, o en la montaña. Disfruta de la brisa y de los árboles. Visita a un amigo cuya compañía te conforte. Elije cuidadosamente tomando conciencia de cada momento. Podemos fácilmente quedarnos enganchados en mundos muy llamativos pero que no aportan ninguna riqueza verdadera a nuestra vida. Cada momento importa. Si tu vida no es buena en este instante, ¿por qué debería serlo al momento siguiente si no haces nada para cambiarla? Dedica más tiempo a las cosas que van a dar un sentido a tu existencia.

Cada día deberíamos preguntarnos: si hoy fuese el último día de mi vida, ¿lo pasaría de esta manera?, ¿qué haría diferente?, ¿qué experiencias querría volver a vivir?, ¿qué sensaciones querría volver a experimentar? Pues, ésas son las cosas que deberíamos estar haciendo. Se nos ha concedido un tiempo limitado en este planeta, pero no lo vivimos con esa percepción. Vivamos cada día, porque aunque nada ni nadie nos pertenece, hoy nos ha sido concedido disfrutarlo, por eso estamos aquí. Disfrutar de ello es honrar a la existencia. Por el contrario, no gozar de lo que nos ha sido dado es un menosprecio al universo. Si estás esperando otro momento mejor, nunca llegará. Ahora es el momento, si no, no lo será nunca.

Al final de nuestra vida deberíamos poder sentir que lo aprendido y lo vivido mereció la pena y tuvo un sentido. Ilustraremos esto con un poema atribuido por mucha gente a Borges, pero que no se incluye en ninguno de sus libros y cuya autora real podría ser la autora estadounidense Nadine Stair:

Instantes

Si pudiera vivir nuevamente mi vida
en la próxima trataría de cometer más errores,
no intentaría ser tan perfecto, me relajaría más.
Sería más tonto de lo que he sido,
de hecho tomaría muy pocas cosas con seriedad.
Sería menos higiénico.

Correría más riesgos,
haría más viajes,
contemplaría más atardeceres,
subiría más montañas,
nadaría más ríos.

Iría a los lugares a donde nunca he ido,
comería más helados y menos habas,
tendría más problemas reales y menos
imaginarios.

Yo fui una de esas personas que vivió sensata
y prolíficamente cada minuto de su vida;
claro que tuve momentos de alegría.

Pero si pudiera volver atrás trataría
de tener solamente buenos momentos.
Por si no lo saben, de eso está hecha la vida,
sólo de momentos; no te pierdas el ahora.
Yo era uno de esos que nunca
iban a ninguna parte sin un termómetro,

una bolsa de agua caliente,
un paraguas y un paracaídas.
si pudiera volver a vivir, viajaría más liviano.
Si pudiera volver a vivir
comenzaría a andar descalzo a principios
de la primavera
y seguiría descalzo hasta concluir el otoño.

Daría más vueltas en calesita,
contemplaría más amaneceres,
y jugaría con más niños.
Si tuviera otra vida por delante.
Pero ya ven, tengo 85 años y sé que me estoy
muriendo.

La correcta actitud del viajero

Feliz es quien camina por el simple placer de caminar.
Henry D. Thoreau,
escritor y filósofo estadounidense (1817-1862)

Después de descifrar los caminos por los que tenemos que transitar y también por los que no deberíamos pisar, para no desviarnos de nuestro objetivo, es el momento de apreciar que la actitud con la que circulamos es tan o más importante que el camino mismo. La actitud es una forma de interpretar la realidad.

Siempre podemos cambiar la lectura que hacemos de los hechos para ser más felices. Un cambio de actitud puede suponer que el viaje se vuelva tan placentero que la meta ya no sea tan significativa. Aparte de adoptar una actitud de aprendiz y de tener sentido del humor, también ilustraremos la relevancia de no buscar nada en la vida sino fluir con lo que surja a cada instante. Otras cualidades de la correcta actitud del viajero son:

- La paciencia, una actitud mental en la que hacemos sitio interior para las cosas que nos acontecen y que no nos gustan.
- El agradecimiento hacia todo lo que la vida nos ofrece; la verdadera llave de la abundancia.

- La ecuanimidad, la cualidad que nos permite relativizar y poner en perspectiva todo lo que nos sobreviene.
- El vivir sin expectativas para no caer en decepciones y conservar un sano equilibrio mental.

Todas estas cualidades son importantes para que el trayecto se haga fácilmente practicable y para que podamos no sólo llegar a la meta sino también disfrutar del camino desde este mismo momento. Al llegar al final de la vida, muchas personas descubren lo terrible de darse cuenta en ese momento de que no era la meta lo importante sino que lo significativo era la forma de recorrer el camino, cuánto lo disfrutamos a cada paso. Si tenemos una actitud correcta hacia los hechos de la vida, estamos ya a medio camino de la felicidad completa.

> *No podemos cambiar las cartas que se nos reparten, pero sí cómo jugamos nuestra mano.*
> RANDY PAUSCH,
> científico y escritor (EE.UU., 1960-2008)

De mártir a aprendiz

> *Hay que considerar como parte del sendero cualquier cosa que ocurra en la mente confusa. Todo es trabajable. Es una proclamación intrépida, es el rugido del león.*
> TRUNGPA RINPOCHE,
> maestro budista (Tíbet, 1939-1987)

Existen dos formas fundamentales de enfrentarnos a la realidad. Una nos hunde en la miseria con cada fracaso, la otra nos ayuda a ver los obstáculos como los ladrillos necesarios para construir nuestra fortaleza interior. La víctima escoge enfrentarse al mundo de forma pasiva, evitando el dolor, lo cual refleja una pobre valoración de ella misma. Al no ser consciente de su potencial, se conforma con sólo compensar su falta de serenidad, ilusión o plenitud con comportamientos adictivos como fumar, comer o comprar en exceso, entre otras conductas destructivas. Su actitud es la del perdedor, la de la persona que ha dejado de creer en su capacidad de superación.

La víctima necesita darse cuenta de que tiene el poder de decidir cada día, que son sus decisiones y su actitud mental las que determinan su dicha o su desgracia. En definitiva, aceptar su parte de responsabilidad en lo que le ocurre. Sin embargo, la víctima sufre, pero no hace nada por cambiar. La queja es una válvula de escape a su insatisfacción; al echar la culpa a otros tapa con ello sus propios fracasos y elude la necesidad de tener que cambiar algo en ella misma. No obstante, ese comportamiento la debilita y cae en el cansancio y la enfermedad. La víctima se siente débil y vulnerable en un mundo injusto y peligroso. No confía en sus propios recursos por lo que le cede el mando a los demás para que decidan sobre su felicidad.

Somos víctimas cuando pensamos que no vale la pena esforzarnos, ya que la suerte la tienen sólo algunas personas escogidas al azar por la vida. La víctima vive resignada partiendo de una idea muy limitada de sí misma. No es consciente de que es precisamente esa visión negativa de la realidad la que le produce el malestar y de que sí está en sus manos acabar con su impotencia y frustración. Para la persona mártir el mundo es un lugar amenazante, sin orden ni justicia, en el cual lo único razonable es protegerse bien de todo posible daño. Pero es precisamente su falta de confianza lo que atrae hacia ella las experiencias que teme y que le confirman que la vida es difícil y la gente mezquina. Con cada experiencia negativa su teoría se refuerza y le crea más miedo, provocando un efecto de bola de nieve. La vida se convierte así en una serie de experiencias dolorosas. Es necesario poner fin a esa espiral de negatividad.

Aun cuando los síntomas no sean tan claros como los descritos, podemos identificar muchos de estos rasgos en nosotros, cuando nos quejamos por sistema o culpamos a los demás y a las circunstancias de nuestras penas y desgracias. Cuando nos duele la vida, no solemos pensar que ése sea nuestro camino, queremos salir rápidamente de ese malestar, liberarnos de la incomodidad y del dolor cuanto antes; y es ahí donde nos equivocamos. Si estamos precisamente ahí es porque ése es nuestro sitio, esa experiencia es nuestra fuente de sabiduría. Si dejamos de huir de ella y nos preguntamos humildemente «¿Por qué estoy aquí?, ¿qué me quiere decir con esto la vida?», entonces habremos escogido ver la luz que nos enseñará la salida de ese lugar tan desapacible.

Pema Chödrön, monja budista y escritora, insiste sabiamente en estas enseñanzas, y nos insta continuamente a utilizar las situaciones difíciles como acicate para el despertar. Según ella todo absolutamente es rentable y útil, todo es parte del camino. Todas nuestras emociones y pensamientos conflictivos, dice Pema, nos indican precisamente dónde estamos dormidos y cómo podemos despertar. Así que no debemos poner excusas para posponer el trabajo espiritual, ya que todo lo que nos pasa o nuestros estados interiores convulsos y confusos son perfectos puntos de partida para trabajarnos. Nadie como Pema Chödrön me ha hecho comprender que es en los momentos más crudos de la vida en los cuales verdaderamente podemos crecernos. Si no huimos de las molestias y el desasosiego, si consideramos el habernos quedado sin suelo bajo los pies como un golpe de suerte, declara Pema, esa situación de inseguridad e incertidumbre puede ser un verdadero trampolín. Ése es el sitio donde de verdad podemos aprender algo. La autora budista añade que la elección es siempre nuestra; podemos hacernos fuertes o hacernos desgraciados, la cantidad de esfuerzo es la misma.

El hombre es la única creación sobre la tierra que tiene libertad para transformarse de un ser inconsciente a un ser consciente. La víctima ha decidido no luchar por ser libre, ya que eso implica un riesgo y un esfuerzo. De esa forma niega su mayor bien. Cuando estamos al mando de nuestra vida tenemos libertad para hacer de ella lo que deseemos. Nuestra vida en libertad se construye escogiendo a cada momento entre el bien y el mal, elección a veces difícil. Elegir lo mejor para nosotros nos puede llevar por caminos plagados de dificultades, senderos a veces angostos y con valles oscuros pero que nos llevarán a ver la verdad y la belleza de la vida y acabarán elevando nuestra conciencia. La víctima, sin embargo, es un ser humano cómodo, que prefiere los senderos más llanos y fáciles, y no tener que hacer el esfuerzo de construir su propia vida y su propia felicidad. Aun a costa de su propio bienestar y despertar.

Si eliges el camino fácil de quedarte como estás eliges seguir sufriendo. Sin embargo, si decides ser libre y ser el creador de tu vida, podrás ganar el cielo con tu esfuerzo.

Deja de inventarte mil y una maneras de evitar las responsabilidades y de descargar la culpa sobre los demás. Tienes mucho que ver en todo lo que te sucede en la vida, a cada paso y sin darte cuenta vas construyendo tu felicidad o tu desdicha.

Piensa que tienes capacidad suficiente para afrontar las cosas que se te presentan. Las experiencias dolorosas pueden traer a tu vida una nueva forma de ver las cosas y ayudarte a valorar y apreciar las personas y las cosas más cotidianas. En definitiva, pueden llevarte a relacionarte con en el mundo de forma más humana. El diagnóstico de una enfermedad o pasar por experiencias cercanas a la muerte pueden hacernos comprender la brevedad de la vida, quitarnos el velo que nos impide ver la vida con asombro y respeto, y hacernos entender el inmenso privilegio de estar vivos. Muchas personas afirman, después de pasar por experiencias de gran dolor, que en el proceso han ganado más de lo que han perdido y que sin esa experiencia hoy no serían los mismos. Es en los grandes desafíos donde nos crecemos. Cuando te encuentres en ese momento en que todo parece haberse vuelto en tu contra, piensa que siempre tienes la libertad para elegir cómo te relacionas con esa situación: puedes relajarte dentro del caos o vivirla con amargura. Experimenta nuevas maneras de reaccionar a las cosas. Intenta no quejarte y victimizarte. No huyas, y, en palabras de Pema Chödrön, «deja que todo se derrumbe a tu alrededor». Estás viviendo esa situación porque tienes algo importante que aprender de ella. Relájate y crécete en la adversidad, responde creativamente. Vive el dolor y luego déjalo marchar. El dolor se puede vivir serenamente si no lo evitamos. Mantener la calma en momentos de confusión nos hará avanzar de forma considerable hacia nuestro despertar.

El sentido del humor

Nada prende tan pronto de unas almas en otras como esa simpatía de la risa.
JACINTO BENAVENTE,
dramaturgo español (1866-1954)

El sentido del humor es una de las expresiones más altas de sabiduría de nuestra naturaleza esencial y es, además, una gran ayuda para tomar distancia en las situaciones delicadas. La psicóloga y escritora M. Jesús Reyes Álava en *La inutilidad del sufrimiento* nos dice:

«El humor seguramente es el antídoto por excelencia contra la enfermedad; potencia nuestras defensas físicas y psíquicas; desarrolla nuestro equilibrio y seguridad; agudiza nuestro ingenio; nos defiende de los pesimistas, de los agresivos o imperativos, de los "tristes de solemnidad". En definitiva, el humor es uno de los principales aliados de nuestra vida.»

Siempre he pensado que las personas con sentido del humor son sabias, y de hecho siempre he observado en las personas más espirituales que he encontrado en mi vida un agudo y sano sentido del humor. Por otra parte, siempre he desconfiado de las personas que dicen de sí mismas ser muy espirituales y que van por la vida con una ausencia total del mismo. Eso les contradice. En realidad, ver la vida a través del prisma del humor es algo muy profundo, significa ver la naturaleza ilusoria de las cosas, ver que en el fondo las cosas no tienen sentido más allá del que nosotros le damos; es ver el absurdo de la vida y reírnos de ello. Las personas que pueden reírse de sí mismas demuestran que no se dan mucha importancia personal, es decir que su ego no es de tamaño gigante. Reírnos de nuestro propio drama significa distanciarnos de él. La seriedad tiñe la vida de dolor y de aburrimiento. Para disfrutar de una alegría auténtica necesitamos verle a las cosas su lado cómico.

El sentido del humor nos da una nueva visión y perspectiva de las cosas y nos ayuda a transformar las situaciones cuando todo nos sale mal. El maestro budista Dzigar Kongtrül dice: «No tenemos que tomarnos esta vida tan breve tan en serio. En realidad, el hecho de tomárselo todo tan en serio resulta gracioso. Especialmente cuando sabemos que finalmente tendremos que desprendernos de todo y dejar esta vida. Emplearíamos bien el corto tiempo del que disponemos en este mundo intentando despertar de la seriedad». Dzigar Kongtrül añade, además, que «las risas auténticas son un masaje para el corazón. Nos ayudan a incorporar la alegría a nuestras vidas».

Verdaderamente la seriedad no tiene ninguna utilidad, sólo nos sirve para atormentar nuestra mente y nuestro cuerpo con actitudes rígidas en las que la vida no puede fluir. El maestro hindú Osho afirma que la seriedad es el cáncer del alma. Ser muy serios significa que nos creemos muy importantes y, por lo tanto, que nuestra vida está dominada por nuestro ego con actitudes tales como: el control, la defensa, la altivez, avaricia y la agresividad entre otras. La seriedad convierte nuestra vida en un estrés constante. Por el contrario, la risa es muy saludable: a nivel psicológico es una salida para las emociones reprimidas, y a nivel físico nos sirve como terapia excelente para rebajar la tensión y la ansiedad, gracias a las endorfinas que segregamos al reír.

Para abandonar el mundo imaginario de tus pensamientos o mundo del ego, huye de la seriedad e intenta tomarte las cosas con más sentido del humor. Eso no quiere decir que seas irresponsable, sino que adoptes una óptica desde la cual las cosas se vean desde su verdadera dimensión. No te dejes atrapar por la seriedad de todo lo que veas, oigas, hagas o sientas. Toma distancia con la ligereza que da el sentido del humor. Conseguir ser dueños de esta actitud ante la vida es la señal de que el ego ha dejado de dominarnos.

La no-búsqueda de la felicidad

Busca y perderás; no busques, y lo hallarás de inmediato. Detente, y estará aquí. Corre, y no estará en ningún sitio.
MAESTRO ZEN HUI-HAI
(China, 720-814)

Todas las experiencias de la vida pueden mostrarnos universos desconocidos.
LaMari,
cantante del grupo Chambao (España, 1975)

En el mundo de la mente la energía de nuestra vida se pierde persiguiendo la ilusión de la felicidad. Sin embargo, la felicidad solamente llega cuando nos abandonamos al discurrir de la vida. «No tenemos que hacer siempre lo que queremos sino querer siempre lo que hacemos», decía un sabio profesor de yoga que tuve, el Lama Tsering. La búsqueda representa no amar donde estamos, huir de donde nos encontramos porque no nos parece lo suficientemente satisfactorio.

Las mejores cosas surgen en nuestra vida cuando cesa nuestra resistencia a las cosas. Si no fluimos es por el miedo que conlleva no ser conscientes de nuestro potencial para superar las contrariedades. Buda se iluminó cuando dejó de querer iluminarse, es decir, cuando dejó que las cosas fuesen como son. Las cosas que deseamos que sucedan sólo ocurren cuando nos relajamos y aceptamos las cosas tal y como nos van apareciendo, cuando descubrimos a cada paso que todo está ya en el aquí y ahora. Esto es todo lo que hay. En cada respiración está la paz y la felicidad, sólo nos hace falta conciencia para poder reconocerlo.

Confiemos en que todo es tal como debe ser. Este instante es tal como debe ser, cada relación que hemos atraído a nuestra vida es justamente la que necesitábamos en ese momento. Esto requiere hacer un salto de fe por nuestra parte. Pero aceptar a la gente y las situaciones tal como se presentan es necesario, pues significa dejar de luchar contra el presente y, por tanto, contra todo el universo. Cuando nos sintamos frustrados o alterados a causa de una persona o situación que no sea de nuestro agrado, pensemos que no siempre vamos a comprender por qué nos suceden las cosas, no siempre vamos a encontrarle sentido a lo sucedido. Hay períodos de confusión en nuestra vida a los cuales sólo podremos encontrarles el sentido mucho después de que haya pasado la crisis. Sentirnos culpables no mejorará las cosas, culpar a los demás tampoco. Es evidente que existen responsabilidades, cada decisión que hemos tomado en el pasado nos ha llevado a lo que estamos viviendo. Pero ahora hemos de vivir las cosas como son y plantar nuevas semillas para el futuro. Lo que sí es importante es saber que cada situación adversa contiene la semilla de la oportunidad para mejorar nuestra vida. Si nos mantenemos alerta podremos ver esa oportunidad.

Dice el Tao que para fluir, en lugar de esforzarnos para lograr que algo ocurra, debemos tomar conciencia de lo que realmente está sucediendo, descubrir las fuerzas y tendencias de cada situación y usarlas sabiamente. Si nos mantenemos en sintonía con nuestra verdadera naturaleza, las cosas saldrán como es debido. Es decir, para conseguir nuestras metas hemos de abandonarnos al fluir de la vida. Si nos esforzamos demasiado, nadamos contracorriente. La manera correcta de actuar es poner nuestra intención y deseo en algo y hacer las cosas que sean necesarias para ir cumpliendo nuestros objetivos, pero aceptando a cada paso lo que va sucediendo y adaptándonos con respuestas flexibles a los obstáculos. Aprovechemos la fuerza de las olas, actuando sin resistencia interna. Ésta es la forma de lograr mucho con poco esfuerzo. Llegará el día en que nuestros deseos fructifiquen y se manifiesten. Si ahora las cosas no marchan a nuestro favor, pensemos que a menudo el universo tiene mejores planes para nosotros. Mucho más importante que conseguir unos objetivos es disfrutar de cada momento en el viaje de la vida.

Por último te insto a disfrutar del siguiente mensaje de un maestro zen, que expresa lo que intentaba transmitir sobre la no-búsqueda de la felicidad:

Mensaje de un maestro zen

La dicha no se encuentra con esfuerzo y voluntad,
sino con tranquilidad y abandono.
No te inquietes, no hay nada que hacer.
Lo que emerge del espíritu no tiene ninguna impor-
    tancia,
ya que no tiene ninguna realidad.
No te apegues a ello.
No te juzgues.
Deja que el juego se juegue solo: elevarse y caer.

Sin cambiar nada, todo se desvanece
y comienza de nuevo sin cesar.
La búsqueda de la dicha es lo que nos impide verlo.
Es como un arco iris que se persigue y nunca se atra-
    pa:
porque no existe, porque siempre ha estado ahí
y te acompaña en cada instante.
No creas en la realidad de las experiencias,
buenas o malas son como los arco iris.
Y uno se agota en vano tratando de asir lo inasible.
Pero en cuanto sueltes la presa, allí está el espacio:
abierto, hospitalario, confortable.
Por tanto, aprovéchate... Desde ya todo es tuyo.
No busques más...
No quieras buscar en la jungla inextricable,
el elefante que ya está tranquilamente en casa.
No hacer nada. No forzar nada.
No querer nada. Y todo se hace solo.

Gendun Rinpoche

La ecuanimidad: comprendiendo la impermanencia

Todo fluye y nada dura.
Heráclito,
filósofo griego (H 535-475 a.C.)

La ecuanimidad es darle a cada cosa su justa importancia. Esta actitud nos mantiene en nuestra armonía interior. Necesitamos ser conscientes de la impermanencia de todas las cosas y de todos los fenómenos para dejar de tomarnos las cosas tan en serio. Las épocas buenas o malas, las ganancias y las pérdidas son inevitables. Nuestra propia percepción de aquello que es bueno o malo también va cambiando. Comprender la impermanencia nos permite ver las cosas con ecuanimidad, una actitud de cierto distanciamiento que nos permite ver que todo es relativo. Siempre ganamos algo cuando perdemos y siempre perdemos algo cuando ganamos. Cada realidad ha de ser vivida sin aferramiento para dejar de ser esclavos de una mente cambiante.

La mente inestable va tras cada deseo pero, como dijo el sabio Milarepa, «los deseos conseguidos aumentan la sed igual que el agua salada». Seguir a nuestra mente sólo aumenta nuestra desgracia. Necesitamos tener la mirada correcta, ver que todo surge y se desvanece constantemente. Lo que ahora experimentamos como real no será más que un recuerdo mañana. Siempre hemos de tener presente que «esto también pasará». Repetirnos mentalmente esta simple frase puede hacer mucho por nosotros. Cada vez que empecemos a sufrir por algo que nos esté ocurriendo podemos traerla a nuestra mente. Lo cierto es que la realidad que vivimos es tan insustancial como un sueño, como un relámpago que surge y se desvanece al instante, como una gota de rocío que desaparece con los primeros rayos del sol, como las olas del mar que nacen y mueren sin parar, o como las nubes del cielo que van y vienen llevadas por el viento. Todo es real, pero también es relativo. Todo existe ahora, pero no es menos cierto que todo se está transformando en este mismo instante.

Cada momento de nuestra vida nos enseña que todos los fenómenos están en constante cambio y hay que verlos siempre desde esta perspectiva. Si le damos a lo que vivimos la credibilidad absoluta, nos causará un gran trastorno. Sin embargo, si lo vivimos como algo que en poco tiempo se habrá desvanecido como un sueño no podrá causarnos tanto pesar. Sea lo que sea lo que nos ocurra vivámoslo y disfrutémoslo, riamos o lloremos, pero dejémoslo ir después. Si no lo dejamos ir nos hará sufrir.

Si disfrutamos de la cosas y de las personas siendo conscientes de que no son eternas, también vislumbraremos que cada momento es único y muy valioso. Nada será trivial. Todo será extraordinario. La impermanencia nos trae a una persona o circunstancia y la impermanencia se la lleva. Es así y siempre lo fue. La vida es como el mar, llena de olas que nacen y mueren sin cesar. Todas vuelven al océano, forman parte de él. Se destacan por un momento, hacen que el océano cobre carácter, pero se desvanecen de nuevo y otras surgen. Cada ola da forma al océano, pero su destino es volver a formar parte del todo. Así somos nosotros y también todos los fenómenos. Un fenómeno como el enfado, por ejemplo, cuando nos sucede nos parece muy real y lo vivimos dejando que nos destruya interiormente. Sin embargo, mañana todo habrá pasado y sólo será un recuerdo. Entonces, ¿por qué dejar que nos destruya?

La actitud correcta es no darle a las cosas más importancia de la que tienen. El sabio hindú Krishnamurti dijo una vez ante una audiencia que le esperaba para escucharle: «Mi secreto es éste: no me importa lo que pase», y se marchó. Con esta sencilla pero impactante frase manifestó que él no etiquetaba las cosas como buenas o malas sino que las dejaba ser. Eso no quiere decir que no actuase en consecuencia para mejorar. El sabio responde a la falsedad y a la verdad, a las malas noticias y a las buenas exactamente de la misma manera.

Cuando en nuestra vida haya agitación y problemas hemos de discernir que no durarán para siempre, que son pasajeros; y cuando nuestra vida esté tranquila hemos de captar que esa tranquilidad también será pasajera. Observar la transitoriedad en todas las cosas nos permite adquirir un sano desapego. Cuando surja en nosotros un deseo de tener algo o a alguien, no hemos de tomarlo demasiado en serio. Los deseos pueden ser como un hierro candente que si tocamos nos quemará. Si dejamos que algo nos guste o lo deseemos tanto que altere nuestra vida y nuestra tranquilidad, ese deseo es un apego, y con una mente apegada cuando lo tengamos no podremos disfrutarlo, porque tendremos miedo de perderlo. Y lo mismo se puede decir de las cosas que nos disgustan. El gran maestro budista tailandés Ajan Chah resumió todas sus enseñanzas en la frase «Esto es pasajero». Todos los fenómenos tienen este punto en común. Cuando algo o alguien nos haga la vida difícil, cuando estemos sufriendo, hemos de preguntarnos: «¿Hay algo de permanente en esto?». No existe enseñanza más profunda que observar el presente y ver cómo todos los fenómenos surgen y desaparecen sin cesar. Si llegamos a comprender esto, nuestra mente dejará de aferrarse a las cosas.

No tenemos que angustiarnos por el pasado, porque ya no existe. Sea lo que sea que ocurriera, ha surgido y ha desaparecido, y ahora ya no existe. El futuro tampoco ha de preocuparnos porque, sea lo que sea lo que ocurra, surgirá y desaparecerá. Asimilar en nuestro corazón la naturaleza impermanente de la realidad nos permitirá trascenderla. Si no nos apegamos a las imágenes, ni a los sonidos, ni a las sensaciones de cualquier tipo, ellas seguirán su propio curso hasta desvanecerse. Sin embargo, el mundo sensorial no siempre es una trampa, sino que muy al contrario puede ser una puerta directa a una vida más consciente y gozosa si conseguimos no ser arrastrados por los objetos ya sean mentales o físicos. Si le damos a nuestros estados mentales o a nuestra situación de vida excesiva importancia nos estamos apegando. Si las experiencias de la vida nos hacen sufrir estamos apegados. Para contrarrestar ese apego quitémosle importancia a las cosas, si estamos agitados, observemos esa agitación como si no fuese con nosotros y pronto dejará de afectarnos.

La mente en calma puede vislumbrar la sabiduría de la misma forma que la luna puede reflejarse en las aguas tranquilas. Ser conscientes de que somos espíritu además de forma nos dará la fuerza necesaria para afrontar cualquier situación sin sufrir daño mental alguno.

La fábula del hombre ecuánime

Si tienes dudas sobre lo que es la ecuanimidad escucha la historia del hombre ecuánime. Era dueño de un caballo, pero cierto día se despertó por la mañana, fue al establo y comprobó que el caballo había desaparecido. Entonces, vinieron los vecinos a condolerse y a decirle:

—¡Qué mala suerte has tenido! Para un caballo que tenías y se ha marchado.

Y el hombre dijo:

—Sí, sí, así es, así es.

Pasaron unos días, y una mañana el buen hombre se encontró con que en la puerta de su casa no solamente estaba su caballo, sino que había traído otro. Vinieron los vecinos y dijeron:

—¡Qué buena suerte la tuya! Ahora eres dueño de dos caballos.

—Sí, sí, así es –repuso el hombre.

Al disponer de dos caballos ahora el hombre podía salir a montar a caballo con su hijo. Pero un día, el hijo se cayó del caballo y se fracturó una pierna. Vinieron los vecinos y dijeron:

—Mala suerte, muy mala suerte. ¡Si no hubiera venido ese segundo caballo...!

—Sí, sí, así es –dijo el hombre.

Pasó una semana y estalló la guerra. Todos los jóvenes fueron movilizados, menos el hijo herido al caerse del caballo. Y vinieron de nuevo los vecinos a ver al padre y le dijeron:

—¡Tú sí que tienes buena suerte! Tu hijo se ha librado de la guerra.

—Sí, sí, así es –comentó el hombre.

Esta narración es un ejemplo de la ecuanimidad y también de cómo habría que aprender a ver los propios hechos de la existencia desde la justa perspectiva.

La gratitud

La gratitud es la cualidad de nuestra conciencia que nos permite disfrutar de lo que tenemos. Sin ella somos incapaces de apreciar el valor de las cosas. Tener mucho no significa que sepamos verlo y apreciarlo. La razón por la cual vamos siempre a la búsqueda de cosas nuevas es porque no valoramos las que ya tenemos. Para sentirnos ricos y plenos hemos de empezar por valorar lo que ya poseemos. Si estamos centrados en las cosas que nos faltan, nos encontramos en una vibración de carencia, que atrae experiencias de carencia. Paradójicamente nuestra sociedad occidental tan opulenta vive en la carencia, porque a pesar de tenerlo todo sigue centrada en lo que le falta y en luchar por conseguirlo. Dicho de otra manera, damos por supuesto todo lo que hay en nuestra vida, como si fuese lo más natural tenerlo. Empezando por las cosas más sencillas de nuestra vida cotidiana, como son el agua fresca para beber o el agua caliente para nuestra ducha o baño diarios. Es la actitud del niño mimado que no aprecia nada de lo que tiene, sino que sólo espera obtener más y más. Así somos nosotros, incapaces de valorar la cantidad de privilegios que hay a nuestro alcance, sólo por el hecho de haber nacido en la parte más favorecida del planeta. Lógicamente, el «padre» universo no nos concederá nada más hasta que seamos capaces de advertir y considerar lo que nos rodea.

La gratitud está en el fondo del alma de cualquier persona verdaderamente feliz. Ver y saber apreciar los dones que poseemos y los obsequios que nos regala la vida cada día, es la clave para que no sintamos la necesidad de ir en la búsqueda de otras cosas que probablemente no van a añadir nada más sustancial a nuestra vida. La gratitud nos conecta con el presente, con el disfrute de ser quienes somos. De ese estado de no-búsqueda surge el contento interior. Desear ser distintos de lo que somos y tener lo que no tenemos es una característica del ser humano que aún no ha comprendido su inmensa riqueza. Este constante desear es parte de nuestro comportamiento egótico. El ser realizado está satisfecho, ha superado el deseo. Aunque es el deseo lo que mueve el mundo, desear algo constantemente nos indica que somos seres insatisfechos y descontentos.

Observar la plenitud de la vida que nos rodea nos permitirá sentir gratitud hacia la existencia: el calor del sol, las flores, el cielo azul, el agua de la lluvia, las montañas, los árboles, los frutos y todo lo que nos da la naturaleza, las personas maravillosas que nos han cuidado y nos han querido desde que éramos pequeños, los amigos que nos regaló la vida y que nos la enriquecen con su compañía y su complicidad, el amor que nos sorprendió cuando menos lo esperábamos y que nos hizo volar... Reconocer esa abundancia que nos rodea despierta la abundancia que late en nuestro interior.

Tanto la abundancia como la escasez son estados interiores. La fuente de toda abundancia está en nosotros. Para que se refleje en nuestra vida tenemos que estar centrados en ella, y agradecer lo que tenemos es hacer precisamente eso. Si nos centramos en la abundancia recibimos más abundancia. Según la ley de atracción, sea cual sea el objeto de nuestra atención, eso crecerá. Si es sufrimiento, multiplicamos el sufrimiento; si es alegría, multiplicamos la alegría. Si nos centramos en la carencia, producimos más carencia. Y si nos centramos en la abundancia, ésta se incrementa. Este principio se aplica a todos los aspectos de la vida: salud, prosperidad, relaciones, paz… La ley nos concede exactamente más de lo mismo que estamos sintiendo.

Empecemos, pues, a practicar la gratitud para multiplicar las cosas agradables que nos suceden. Te propongo escribir un diario de gratitud. Cada día apunta al menos tres cosas por las cuales ese día te sientas agradecido a la vida; esto la cambiará radicalmente. La gratitud significa dar las gracias con el corazón. Con esta pequeña práctica verás que cada día tienes más cosas que agradecer, disfrutarás con más experiencias, multiplicarás las cosas gratas, divertidas, apetecibles. En definitiva, tu vida será más rica y tendrá muchos más sabores y tonalidades que antes. La gratitud es la verdadera llave de la abundancia. Haz la prueba.

El cambio de actitud que te propongo es dejar de esperar algo de lo que crees que careces y empezar a vivir lo que ya tienes. La visión de abundancia que tendrás si eres agradecido reforzará tu confianza en la vida y la certeza de que los deseos tienden a cumplirse. Hemos de agradecer todo lo que nos ocurra, incluso los incidentes desagradables pueden tener un significado más profundo que se nos revelará con el tiempo.

La paciencia

> *En el desarrollo de la tolerancia,*
> *el maestro es el enemigo.*
> Tenzin Gyatso, XIV Dalai Lama
> (Tíbet, 1935)

> *La paciencia es un árbol de raíz amarga*
> *pero de frutos muy dulces.*
> Proverbio persa

La filosofía oriental considera la paciencia un estado de mente valiente que da la bienvenida a las dificultades con una sonrisa. En Occidente, sin embargo, la palabra tiene a veces una connotación negativa, la persona paciente es vista como alguien que aguanta las injusticias sin rebelarse, sin energía para imponerse, pasiva ante el sufrimiento e incapaz de reaccionar. Pero nada más lejos de la verdad, una persona paciente es la que puede reaccionar pero no lo hace porque ha decidido que no hay nada más importante para ella que su propia paz mental. Citaré a Juan Manzanera en *El hallazgo de la serenidad*: «La paciencia es un estado de conciencia más abierto y flexible, que nos permite sentir la incomodidad sin perturbarnos. En este estado de apertura interna hay espacio de sobra para cualquier molestia. Cuanto más grande sea nuestra apertura, más dificultades y problemas seremos capaces de abrazar sin alterarnos. En esto consiste la paciencia». Y añade Manzanera: «Para adquirir paciencia tenemos que conectarnos con nuestro estado natural, con técnicas como la meditación, para descubrir que habitamos un inmenso palacio con cientos de estancias, y que podemos dejar unas cuantas para los trastos viejos y rotos. Hay lugar de sobras para disfrutar y crear».

Visto así, no podemos volvernos pacientes de la noche a la mañana, tenemos que evolucionar lo suficiente a nivel interno para darle a nuestra conciencia una cualidad de espaciosidad, en la que las dificultades y los sufrimientos queden diluidos, y no nos trastornen más de lo necesario. Tenemos la tendencia a evitar a las personas que nos hacen sufrir, pero son estos seres que nos resultan tan detestables los que nos enseñan a tener paciencia. Los períodos de nuestra vida más convulsos y llenos de dificultades nos pueden convertir en personas experimentadas y con capacidad para afrontarnos a los problemas, si sabemos gestionarlos bien. Sin problemas no podemos desarrollar fortaleza interior y valor. Los enemigos y los problemas nos resultan odiosos, pero les debemos mucho. Tener enemigos potentes significa que estamos capacitados para enfrentarnos a ellos, que somos alumnos aventajados. No debemos doblegarnos ante el enemigo, ni obedecerle, ni luchar contra él. La lección a aprender es no perder la calma ni la compasión. Si conseguimos aprender estas valiosas lecciones nos habremos convertido en personas fuertes y serenas para aceptar con mucha más capacidad las pruebas que la vida pone en nuestro camino.

La paciencia es un rasgo de la personalidad que indica madurez. Es saber esperar con calma a que las cosas sucedan, teniendo capacidad para discernir que hay cosas que no dependen de nosotros y hay que darles tiempo. Asimismo, nos permite ver con claridad el origen de los problemas y la mejor manera de solucionarlos.

Lo más fácil ante una ofensa es reaccionar airadamente, impulsado por la fuerza del ego; sin embargo, es mucho mejor sonreír y dar una buena contestación pero sin reaccionar.

La paciencia no está de moda en la sociedad de la prisa. Nuestro espacio interior está saturado y eso se refleja en el exterior. Todo nos lleva a la impaciencia y la ansiedad. Sólo tenemos que hacer cola en cualquier lugar y observarnos a nosotros mismos y a los demás. Entonces veremos hasta qué punto estamos todos desquiciados. La meditación puede ayudarnos a lograr un estado interior más espacioso en el cual no nos irritemos al menor contratiempo. Pero convertirnos en seres pacientes lleva su tiempo, la semilla se convierte en flor con paciencia. El secreto de la naturaleza es la paciencia. Todo llega con paciencia.

No hay nada más importante para nosotros que nuestra propia paz interior. Pero si aún perdemos constantemente los nervios, culpamos a otros, nos justificamos y nos ponemos a la defensiva significa que aún no lo sabemos. Cuando lo comprendamos elegiremos la paz. Si ante una ofensa no reaccionamos con furia eso indicará que nos estamos empezando a conocer.

Nuestra visión de la vida es limitada porque miramos a través de los ojos de nuestro ego y nos pasamos la vida reaccionando a la inconsciencia y a los egos de los demás. Todo lo que nuestro ego puede ver es el ego de los otros.

Nuestro ser esencial, sin embargo, solamente ve la bondad en los demás. Intentemos mirar desde más allá de nuestra pequeña realidad. No reaccionemos coléricamente, mantengámonos en un estado de calma y alerta del cual surgirá la respuesta más adecuada a la situación que estamos viviendo.

Una historia sobre la impaciencia

Ésta es la historia de un muchachito que tenía muy mal carácter. Su padre le dio una bolsa de clavos y le dijo que cada vez que perdiera la paciencia, debería clavar un clavo detrás de la puerta. El primer día, el muchacho clavó 37 clavos detrás de la puerta. En las semanas que siguieron, a medida que el aprendía a controlar su genio, clavaba cada vez menos clavos detrás de la puerta. Descubrió que era más fácil controlar su genio que clavar clavos detrás de la puerta. Llegó el día en que pudo controlar su carácter durante todo el día. Después de informar a su padre, éste le sugirió que retirara un clavo cada día que lograra controlar su carácter. Los días pasaron y el joven pudo anunciar a su padre que no quedaban más clavos para retirar de la puerta.

Su padre lo tomó de la mano, lo llevó hasta la puerta y le dijo: «Has trabajado duro, hijo mío, pero mira todos esos hoyos en la puerta. Nunca más será la misma. Cada vez que tú pierdes la paciencia, dejas cicatrices exactamente como las que aquí ves».

Tú puedes insultar a alguien y retirar lo dicho, pero del modo como se lo digas lo devastará, y la cicatriz perdurará para siempre. Una ofensa verbal es tan dañina como una ofensa física.

Anónimo

Vivir sin expectativas

Hay que tener aspiraciones elevadas,
expectativas moderadas y necesidades pequeñas.
HEINRICH VON STEIN,
filósofo y poeta (Berlín, 1857-1887)

Quizás llegados a este punto te estés preguntando cómo es posible vivir esperando lo mejor para atraerlo a tu realidad, y a la vez no esperar nada. Voy a intentar explicártelo. La clave está en la confianza que depositamos en la vida. Si confiamos de verdad que lo mejor nos será concedido, no necesitaremos tener expectativas ante cualquier hecho que nos suceda, pues le dejaremos al universo el espacio suficiente para que desarrolle las cosas según crea más conveniente para nosotros. Ya hemos expresado nuestros deseos, ahora dejemos que la creación encuentre la manera más apropiada para concedérnoslos. Ya sabemos QUÉ queremos, dejemos al cosmos decidir CÓMO se desarrollarán las cosas. Tener grandes expectativas cada vez que algo sucede es peligroso, pues no siempre podemos controlarlo todo. A veces lo único que tenemos que hacer es relajarnos y dejar que las cosas sucedan a su ritmo. Si pretendemos controlar el proceso tendremos grandes desilusiones. En los procesos de aprendizaje nos ocurren algunas cosas desagradables y no entendemos por qué precisamente a nosotros. La respuesta adecuada es tener fe y confianza. Sólo el tiempo nos revela todos los porqués.

Cuando tengas que tomar decisiones difíciles no debes estresarte pensando que puedes equivocarte, pues cada decisión te lleva a aprender algo que necesitas saber. Puedes relajarte, pues no existen decisiones equivocadas, cada circunstancia de la vida es tu maestro. En definitiva, se trata de que aprendamos a vivir con el corazón. La forma en que las cosas suceden siempre nos ofrece la posibilidad de desarrollar nuestra bondad natural o, por el contrario tenemos libertad de elegir el camino del egoísmo. Cada persona que conocemos nos ofrece una nueva oportunidad de aprendizaje, cada situación requiere que nos definamos de una u otra forma. Somos libres de decidir cómo nos comportamos, sin embargo, cada decisión tiene consecuencias muy distintas. Elegir actuar con un corazón generoso y bondadoso nos llevará a experimentar un mundo en el cual la bondad y la generosidad existen. Elegir comportarnos de forma egoísta nos llevará a experimentar un mundo donde impere el egoísmo. Egoísmo o amor, nosotros elegimos.

Deja el control, permite que la vida sea. Relaja cualquier tipo de expectativa sobre ti, sobre tu vida o sobre los demás. Ten objetivos, pero no te aferres al resultado final. Aprende a esperar sin esperar, desde la convicción de que todo se mueve con un orden interno. Si estamos esperando algo sin lo cual nuestra vida no tiene sentido, es que aún no hemos comprendido que todo lo que necesitamos está en algún lugar de nuestro interior. No tener expectativas no significa no tener deseos, sino recibir con los brazos abiertos lo que hay en el día de hoy. Lo que el momento presente despliega ante nosotros tiene un valor incalculable. Es nuestra propia vida lo que está pasando, ni más ni menos. Si aún esta vida no es lo que esperabas es quizás porque no tienes los ojos bien abiertos. Dentro de unos años es posible que recuerdes este momento con nostalgia y entonces sí veas lo que «tenías». La mente no sabe vivir en el presente; si la sigues a ella nunca te fundirás con la vida. Tener expectativas exageradas es forzar a la gente y a los acontecimientos a que sean como tú quieres. Es entrometerse en el curso de la vida. Deja que la corriente te guíe. Fluye. No esperar nada es el secreto para que si algo está por llegar finalmente llegue.

Las desilusiones y los desencantos vienen de pensar que algo externo a nosotros nos hará felices. Las cosas y las personas no tienen que cambiar para que podamos experimentar la felicidad en esta vida. Más bien, sentimos dicha cuando no tenemos necesidad de cambiar nada, cuando nos sale de forma natural dejar a los demás decidir de qué manera quieren vivir su vida. Lo que sí puede hacernos felices es una nueva perspectiva de las cosas, en la cual seamos conscientes de la riqueza que cada cosa nos aporta, y en la que sepamos ver que no siempre tiene que salir el sol; la lluvia o el viento pueden aportarnos también otro tipo de sensaciones.

En la vida las cosas nunca salen tal y como esperamos a la primera. La vida es un cambio continuo para el cual no podemos prepararnos. Por eso necesitamos ser flexibles y espontáneos. Sin embargo, la prisa y la impaciencia nos retrasan la llegada de lo bueno. No debemos correr porque lo que deseamos alcanzar no está en el futuro. Dejémonos caer en el ahora sin tratar de llegar a ningún otro sitio. La transformación se produce al instante cuando dejamos de impacientarnos.

El viaje hacia el Mundo Real. Métodos instantáneos para abandonar la mente o Puertas de acceso al ahora

Dicen sutras *muy profundos que la iluminación
es ver lo no visto, y que en ella no hay ver ni quien vea.
Es una calma sin principio ni fin.*

ATISA,
sabio budista (Tíbet, 982-1054)

En este punto hemos cruzado ya la línea de salida, aunque los cambios que hemos ido introduciendo en nuestra vida nos acercan a la felicidad un poco más cada día. En este apartado te propongo cosas que puedes hacer a diario para conseguir dejar atrás el nivel mental y llegar a un nivel más alto de conciencia. Cada una de las actividades a realizar es una puerta de acceso al Mundo Real. La consigna es que hagamos lo que hagamos seamos conscientes de lo que estamos haciendo. En realidad eso es la meditación, estar alertas, vigilantes, despiertos. Todo lo que hacemos, si lo hacemos atentamente, sin viajar mentalmente, es meditación. La meditación es el fundamento de la vida en el ahora, pero también hay otras puertas que nos conducen de forma directa a la vida. En nuestro día a día tenemos innumerables ocasiones de abrir esas puertas: cada vez que percibimos algo a través de nuestros cinco sentidos sin etiquetar la experiencia, escuchando el silencio que hay bajo el ruido de nuestra vida, maravillándonos de la belleza que nos rodea, observando el mundo natural que nos enseña cómo vivir, escuchando atentamente a las personas que tenemos al lado, aceptando cada momento de nuestra vida como es sin intentar cambiar lo que es inevitable, mirando la insustancialidad de la vida que en su realidad más profunda está hecha del mismo material que los sueños…

Lo que aquí sugiero es seguir realizando las mismas tareas de siempre pero poniendo toda nuestra atención y dejando de lado nuestras interpretaciones de las cosas: cuidemos de nuestro jardín, nademos en la piscina, juguemos con nuestros hijos, limpiemos la casa, preparemos la comida… pero hagámoslo de forma consciente, permitiendo que la tarea nos lleve de vuelta al momento presente. Seamos conscientes de nuestro estado interior en cada momento; si estamos irritados, confusos o melancólicos. Mantenernos conscientes hasta por poco tiempo es difícil, ya que la mente es increíblemente poderosa y nos arrastra. Precisamente estos ejercicios son un entrenamiento para que esto sea cada vez más fácil de lograr.

En el grupo de cosas a realizar a diario se incluye un apartado exhaustivo sobre la meditación y sus beneficios, ya que ésta es la base de nuestra práctica, el entrenamiento previo que necesita nuestra mente para que más adelante cualquier actividad pueda convertirse en una meditación en sí misma. Podemos realizar a diario todas estas recomendaciones, pero para que no nos abrume todo esto al principio, podemos escoger una actividad cada día, o cada semana, y practicarla continuamente. Dediquémonos, por ejemplo, a escuchar conscientemente a los demás o a escuchar el silencio durante una semana, hasta que veamos que vamos progresando. Todo servirá, lo importante es nuestro esfuerzo constante y diario. A medida que avancemos en el viaje y crezca nuestra conciencia, toda nuestra personalidad empezará a cambiar. Convertirnos en el testigo u observador de nuestra vida nos lleva a ganar control. Nuestros pensamientos son las olas de un mar profundo que es nuestro ser interior. En las profundidades no hay oleaje, sólo calma.

La conciencia es lo que necesitamos para contrarrestar el bombardeo constante de datos a la que estamos sometidos a diario. Es el espacio interior para hacer sitio a las informaciones nuevas que nos llegan de forma constante a través de la radio, la televisión, Internet, el teléfono móvil, los periódicos... y que no tenemos tiempo de digerir. La saturación provoca un lógico cortocircuito del mecanismo de la mente. Si rebasamos sus límites el resultado es la confusión, el miedo, el pánico, los bloqueos, la ansiedad o la depresión. Hace unos cuantos años la vida era más lenta. Nuestros abuelos tenían más tiempo para sentarse y contemplar las estrellas, respirar el verde de los árboles, mirar al horizonte, oír y contemplar las olas del mar... Este ritmo de vida más lento daba a las personas un tiempo para asimilar lo vivido. Era una forma de meditación. Nuestros días sin embargo están sobrecargados hasta el punto de provocarnos verdaderos colapsos mentales. La actividad e inactividad deberían estar equilibrados al 50 %, y están en franco desequilibrio. El despertar de la conciencia es nuestra tabla de salvación, nuestro camino hacia la vida. Vivimos realmente sólo los momentos en los que somos conscientes. Merece la pena ir conquistando esos espacios interiores gracias a los cuales la dicha encontrará la manera de instalarse en nosotros.

La meditación: qué es meditar
y por qué es tan importante aprender a hacerlo

La meditación no es más que un curioso método de cirugía que te separa de todo lo que no es tuyo y sólo conserva lo que es tu auténtico ser. [...]
OSHO,
sabio y místico hindú (1931-1990)

Meditar es la mejor medicina que tenemos a nuestro alcance, la más barata y la única sin efectos secundarios perjudiciales. La meditación nos puede ayudar a solucionar muchos de nuestros problemas. Una de las razones de peso que nos da el monje vietnamita Thich Nhat Hanh para aprender a hacerlo es que debido a nuestro modo de vida tan estresado no descansamos lo suficiente, y meditar es una forma rápida y sin contraindicaciones de recuperar las energías y volver a estar frescos. Necesitamos la meditación como entrenamiento mental para que nuestra mente se estabilice y podamos entrar en contacto con el momento presente. Sin embargo, tenemos que decidirnos a dar el paso de aprender a hacerlo. Algunas personas lo intentan sin éxito ya que no saben muy bien qué es lo que tienen que hacer o sentir. Muchos piensan que se trata de dejar la mente en blanco, o vaciarla de pensamientos, lo cual no es cierto. En primer lugar hay que dejar claro qué es meditar.

Meditar es simplemente observar la mente, para desde fuera percibir la locura que supone vivir en nuestro mundo mental. Si nos relajamos, respiramos profundamente y estamos alerta, nos estaremos distanciando de nuestra mente.

Se trata de sentir lo real (nuestro propio ser) en contraposición con lo no real (pensamientos y emociones). Al dejar de ser una unidad con nuestros pensamientos podemos observar que lo que creemos ser no es más que una serie de pensamientos a los que estamos apegados. Es la identificación con nuestros pensamientos lo que nos hace infelices y no los hechos de la vida. Pensar que no deberíamos estar solos es lo que nos duele, y no la soledad en sí.

La forma más agradable de acercarnos a la meditación es verla como un ratito para nosotros, un oasis en medio del día, bien al comenzarlo o al acabarlo. Un tiempo en el que disfrutar –y hay que subrayar la palabra «disfrutar»– de nosotros mismos. Un tiempo para gozar de lo que somos y dejar de luchar por tener y por alcanzar algo más. En realidad, vivir con plena conciencia poniendo los cinco sentidos sintiendo la vida a cada paso es vivir en meditación. Pero para poder llegar a hacer esto de forma natural tenemos que «domar al tigre», conocer nuestra mente y «domarla» por medio de la meditación. No me gusta considerar la meditación como un trabajo porque, aunque la tarea no sea fácil, si lo vemos como un disfrute, un tiempo exclusivamente para nosotros, tendremos un punto de partida más positivo desde el cual lograremos más.

Observar la mente es ser consciente de los pensamientos que van pasando por nuestra cabeza, mirarlos y dejarlos ir. Eso sería la idea básica. Estar alerta de los pensamientos y de la agitación que provocan éstos en nosotros cuando nos identificamos con ellos. La forma en la cual nos alejamos de nuestra mente y dejamos de ser ella es mirándola como si fuese algo que no fuese asunto nuestro, sin apreciar ni condenar lo que surge de ella, sin elegir ni juzgar. Esa mirada la detiene, y es en ese espacio entre pensamiento y pensamiento en el que empezamos a disfrutar de nuestra propia presencia. Esos huecos sin pensamientos ni identificaciones expanden nuestra conciencia y nos acercan a la verdad de lo que somos. En nuestro estado «normal» solemos ser la alegría, el dolor, o la rabia según lo que estemos pensando en ese momento. Distanciarnos de la mente nos sirve para darnos cuenta de que solamente es real la conciencia que observa, todo lo demás va pasando. Somos conciencia.

En el presente no hay identificaciones porque no hay pensamientos, no hay movimiento mental. Pero si volvemos a marcharnos al pasado o al futuro nuestra mente vuelve a funcionar y de nuevo nos hace infelices. Es necesario que cada día al menos durante media hora o una hora nos olvidemos del mundo y conectemos con nuestro ser más auténtico para llegar poco a poco a percibir el silencio interno y conocer la luz interior que puede nutrirnos y revitalizarnos.

Meditación es la conciencia total de lo que está sucediendo, una forma de liberarnos del apego a los objetos. Con ella aprendemos a ver los pensamientos y no reaccionar a ellos. Si aparece un pensamiento de enfado decidimos no seguir tras él, no enfadarnos. Si aparece un pensamiento de tristeza decidimos no estar tristes sino observar la emoción; y así con todos los pensamientos que vayan surgiendo. Es decir, decidimos no seguir las tendencias negativas de nuestra mente. Sólo nos hacemos conscientes de ellas. La meditación es algo simple, pero la simplicidad no es fácil para la mente complicada. La simplicidad es, en realidad, algo muy profundo. Con la meditación vemos lo que está pasando en nuestro interior. Nargarjuna, el fundador del budismo Mahayana, dijo que si entendemos nuestra mente, lo entendemos todo. Mediante la observación de nuestros ofuscamientos temporales podemos vislumbrar la claridad del ser interior, igual que una nube negra al moverse deja al descubierto el cielo azul claro. Mirando las nubes percibimos que no son parte sustancial de cielo, sólo lo están atravesando.

Pero teorizar sobre la verdad no es conocerla. Hablando sobre las fresas o los melocotones no conoceremos su sabor. Hasta que no los probemos no tendremos la experiencia de su sabor. Del mismo modo, únicamente a través de la experiencia de la meditación conoceremos cómo sabe nuestro ser más auténtico. En Occidente pretendemos utilizar el pensamiento para entender nuestra última realidad, pero ésta no se puede alcanzar mediante el razonamiento, esto es sencillamente imposible. Debemos poder sentir mediante la experiencia de la meditación que nuestras ideas sobre nosotros mismos son una completa ilusión. Somos algo en la medida en que creemos que lo somos. Y podemos ser algo diferente en la medida en que creamos que podemos serlo. La meditación nos vacía de identificaciones y nos deja libres para experimentar lo que hay más allá de lo que creemos ser. Un estado de presencia que nos aporta un bienestar profundo. Sin necesidad de ser esclavos de una imagen postiza de cara al exterior nos sentiremos libres de ser como somos y esa libertad es plenitud.

Para empezar a meditar te sugiero lo siguiente.

La sencilla práctica de la meditación

Tu espalda tiene que estar recta, la cabeza, el cuello y también la columna vertebral erguidas y en línea recta, para que la energía *kundalini* pueda fluir de forma adecuada.

Cuanto más recta esté menos nos costará controlar la mente. Lo ideal es estar lo suficientemente cómodos como para olvidarnos del cuerpo, aunque no lo bastante como para quedarnos dormidos.

Cierra los ojos o déjalos entreabiertos, como te resulte más natural, escoge la forma que te permita estar más alerta y no quedarte dormido. Respira profundamente. Piensa que una corriente de bienestar fluye a través de ti como una cascada de agua refrescante y renovadora. En este mundo tan ajetreado, ¡por fin has llegado a este remanso de paz! Piensa que no tienes que lograr nada en especial, sólo tienes que ser tu mismo, disfrutar de tu propio ser.

Una vez que logres relajarte y disfrutar de tu propia presencia, observa los pensamientos que cruzan tu mente, sin aferrarte a ellos, sin juzgarlos, sin ponerles etiquetas, sin identificarte con su contenido. Míralos, son insustanciales, nacen y mueren, vienen y van como las nubes, como todo en la naturaleza. Nuestra mente tiene esta característica: no es nada sólida, es cambiante e inestable. Con la práctica veremos cada vez más claro que nuestra actividad mental es, en realidad, el único obstáculo que hemos de salvar para llegar al centro de nuestra paz.

Así expuesto quizás parezca fácil y en el fondo no lo es tanto; porque al observarnos, de nuestro interior empiezan a surgir las heridas del pasado que nunca cicatrizaron: ira, tristeza, soledad, dolor... y podríamos empezar a sentirnos mal. Al meditar descubrimos todas esas identificaciones que nos han provocado dolor. Vemos el dolor y constatamos que nos hace sufrir, pero eso no significa que meditar nos esté provocando más dolor. Para curar la herida ésta ha de ser expuesta a la luz de nuestra conciencia. Observar nuestra soledad, ira o dolor y fluir con esa emoción, dejarla surgir en su totalidad nos permite curarla. Limitémonos a observar con compasión y sin juzgar lo que sentimos.

La mente siempre está en movimiento, procesando nuevas ideas y nuevas sensaciones. Al meditar tenemos que procurar no ponerle a la mente una camisa de fuerza, sino trabajar con ella tal como es, sin forzarla. Debemos encontrar un término medio entre la relajación o el control exagerados. Pero no debemos empeñarnos en lograr un estado de calma a toda costa, ya que centrarnos en el resultado nos aleja del mismo y del hecho de disfrutar. La meditación no es una competición, sino que tiene también que resultar placentera.

Más adelante en nuestra práctica debemos conseguir que cualquier cosa cotidiana nos lleve a un estado meditativo. Es decir, a ser conscientes del contenido de nuestra mente, mientras realizamos nuestras labores cotidianas. Ir al trabajo o realizar cualquier tarea puede ser un soporte para la meditación, así todo el día tenemos oportunidades sin fin para acercarnos cada vez más al goce de vivir.

La respiración durante la meditación

El control de la respiración es el fundamento de la meditación y la puerta de acceso a la conciencia. Respirar puede hacerse de forma consciente o inconsciente. La mayoría de las personas respiramos de manera inconsciente casi todo el tiempo, y al hacerlo perdemos la oportunidad increíble de despertarnos y ser conscientes de la vida en cada momento. La pérdida del control en la respiración significa la pérdida de poder y control en todas las áreas de nuestra vida. Cómo respiramos indica cuál es nuestro estado mental.

Se calcula que una tercera parte de la gente no respira lo suficientemente bien para mantener una salud normal. Al respirar de forma superficial no se consigue el oxígeno necesario y no se elimina suficiente dióxido de carbono. Cada célula de nuestro cuerpo depende del oxígeno, ninguna puede sobrevivir más de unos minutos sin él. Además, si no recibe el oxígeno necesario, aunque se mantenga viva, su función decaerá notablemente. Así, las células del tejido muscular insuficientemente oxigenadas duelen, y las del cerebro producen una sensación de malestar emocional. Y al contrario, si las células del cuerpo y del cerebro reciben una cantidad abundante de oxígeno, éste confiere sensaciones de energía y de estado de ánimo óptimo. Cuando una célula recibe oxígeno, intercambia una cantidad aproximadamente igual de dióxido de carbono sobrante, que se devuelve a los pulmones y se expele al exhalar. Este intercambio de energía ocurre en cada instante de nuestras vidas. Además, reproduce otro efecto fisiológico importante con la respiración adecuada: la limpieza directa de los pulmones y la irrigación correcta del canal alimentario que evita o corrige los problemas digestivos.

La respiración rítmica, profunda y controlada ayuda a curar porque aleja al cuerpo del mecanismo de lucha o huida. Con la respiración interactuamos con el mundo, atrayendo algo de él y liberando algo de nosotros hacia el mundo. Oxigenamos todas nuestras células mejorando el funcionamiento del cerebro y de todo el cuerpo, y con el dióxido de carbono liberamos las emociones acumuladas en él: miedo, cólera, tristeza… Dharma Singh Khalsa y Cameron Stauth en su libro *La meditación como medicina* explican que la respiración también influye en nuestro ser más etéreo, ya que no sólo respiramos oxígeno sino también *prana*, la fuerza vital universal. El *prana*, afirman, distingue a los seres vivos de los objetos inanimados. Allí donde hay vida hay *prana* en el universo. El *prana* se puede experimentar o sentir, pero no verse ni oírse. Se encuentra en el aire, en el agua, o en la comida pero no es ninguna de estas cosas. Circula por nuestro cuerpo por una red de aproximadamente 72.000 conductos de energía no físicos, llamados *nadis* y se cree que entra en el cuerpo humano de muchas maneras, pero sobre todo a través de la respiración. Según los expertos del *kundalini* yoga, cuando el *prana* entra en el cuerpo, despierta la energía de curación humana, o energía *kundalini*. Los yoguis pueden almacenar esta energía pránica canalizándola cuando entra hacia el punto del tercer ojo. El cuerpo es capaz de almacenar energía *kundalini* exactamente de la misma manera en que una batería recargable almacena electricidad. Una persona que domina el arte de inhalar cantidades abundantes de *prana* y de activarlo como energía *kundalini* irradia una enorme vitalidad, concluyen los autores. La respiración profunda nos calma, nos oxigena, nos libera de toxinas, nos recarga de energía y nos ayuda a estar más conscientes, pasando a otro estado vibracional.

Tenemos que llegar a controlar la respiración para nutrir tanto nuestro cuerpo físico como nuestro cuerpo etéreo, pero ahora vamos a matizar la palabra «controlar» porque quizás no sea la más adecuada. A veces cuando intentamos respirar profundamente estamos haciendo un esfuerzo, y ese esfuerzo nos aparta de la relajación que es necesaria para respirar profundamente. Así que en lugar de intentar «controlar» la respiración lo que haremos será relajarnos más que concentrarnos.

Es esencial llegar a la respiración profunda, pero no hay que esforzarse más de lo necesario, sino que hay que aceptar, dejarse ir, disfrutar, gozar, y de ese modo ésta llega finalmente. Sigamos los siguientes pasos para llegar a respirar profundamente:

- Relajémonos sintiendo nuestro cuerpo, sin hacer nada más.
- No intentemos alcanzar nada, simplemente disfrutemos de la sensación de la relajación.
- Sentémonos en silencio y escuchemos lo que ocurre a nuestro alrededor. Dejemos que la calma se asiente en nosotros.
- Aceptemos lo que sucede en nuestro entorno: gente que habla, ruido de fondo, un perro que ladra, un niño que llora, gritos, risas... No rechacemos ni neguemos nada. La negación o no aceptación es tensión.
- Simplemente aceptemos la vida y relajémonos para poder conectar con la alegría que nace dentro de nosotros.

Nuestra respiración se volverá profunda si no hay esfuerzo ni tensión; a más relajación, más profunda será la respiración. Podemos llegar a la curación emocional y física, a la plenitud y el bienestar si aprendemos a respirar profundamente. Lo importante es lograr el equilibrio entre el esfuerzo y el no esfuerzo. Cuando consigamos relajarnos y respirar profundamente ya habremos logrado adquirir la cualidad indispensable para que nuestra meditación nos lleve hacia el Mundo Real.

Las horas anteriores a la salida del sol es cuando se segregan las hormonas principales de la glándula pituitaria, la glándula maestra del sistema endocrino. Por lo tanto, la meditación matinal influye en la secreción de las hormonas que regularán nuestro estado de ánimo el resto del día. Dharma Singh Khalsa comenta que estas horas son, además, el momento más tranquilo y más dulce para estar vivo. Según otro Lama tibetano, Yongey Mingyur Rinpoche, «tomarse el tiempo necesario para practicar antes de salir de casa para ir al trabajo o hacer diligencias le imprime el tono al resto del día, y también refuerza su propio compromiso de practicar durante el día». Además, añade Rinpoche, «cuando usted reserva un tiempo para la práctica formal, desarrolla un hábito constructivo que no sólo debilita los viejos patrones neuronales sino que, efectivamente, logra establecer nuevos patrones que le permiten reconocer la participación de su propia mente en la manera en que usted percibe».

Al inicio del día, después de un buen descanso, la mente está más fresca y tranquila, pero si no tenemos ocasión de hacerlo a esa hora podemos meditar al caer el sol o, en su defecto, siempre que tengamos tiempo, por supuesto.

Enfoque mental. Concentración

La concentración en un punto durante la meditación es otra de las claves fundamentales para estabilizar y calmar la mente. Enfocar la mente tiene un efecto relajante. Sentirnos libres interiormente es la consecuencia de tener una mente no dispersa. Dirigir la atención hacia los diferentes *chakras* o centros de energía en el cuerpo humano durante la meditación produce diferentes efectos:

- **Coronilla**: eleva a una conciencia superior y conecta con la divinidad.
- **Entrecejo (punto del tercer ojo)**: estimula la glándula pituitaria. Activa la intuición y la percepción extrasensorial.
- **Punta de la nariz**: calma la mente durante la meditación. Se crean nuevas rutas de energía en los patrones cerebrales. Se hace con los ojos un poco abiertos pero con mirada suave.
- **El centro lunar (mentón)**: ver mentalmente a través del mentón le permite a uno verse a sí mismo con claridad.

Recitar un mantra *y leer a los sabios*

Los efectos vibratorios de los sonidos son una fuerza curativa poderosa; tienen también consecuencias positivas comprobadas en el sistema endocrino, que como hemos visto regula la secreción de hormonas y ayuda a que todos los otros sistemas funcionen correctamente. Los *mantras* enfocan la energía de la mente y cambian los patrones cerebrales. Son pensamientos que se eligen de manera consciente. Al sustituir los pensamientos con un *mantra* no hay espacio para otros pensamientos. Es una forma de cortar la mente normal y lograr un estado de calma. El *mantra* contiene, además, una vibración de sonido que nos puede elevar a una conciencia superior.

También antes de la meditación podemos leer algún párrafo de un libro espiritual que nos inspire. Esto es una forma de ir absorbiendo y asimilando toda la sabiduría de los maestros iluminados que ya han recorrido el camino antes que nosotros.

Los mudras, *posición de los dedos*

Los *mudras* son los diferentes movimientos de los dedos y manos al meditar. Cada *mudra* es una técnica para transmitir mensajes claramente al sistema de energía mente/cuerpo. Estos diferentes movimientos tienen un impacto directo en las funciones cerebrales; algunos inducen a la calma mental, otros a la paciencia, a la reflexión o a la comunicación.

- *Gian mudra*: dedos pulgar e índice. Estimula el conocimiento y la sabiduría interior; aumenta la receptividad y la tranquilidad.
- *Shuní mudra*: dedos medio y pulgar. Da paciencia, discernimiento y capacidad de comprometerse.
- *Surya mudra*: dedos pulgar y anular. Proporciona energía y revitaliza, refuerza el sistema nervioso y potencia la creatividad.
- *Buddhi mudra*: dedos pulgar y meñique. Fortalece la comunicación y el poder mental.

Tiempo de meditación

La ciencia yóguica determina que existen cantidades específicas de tiempo necesarias para crear ciertos efectos deseados durante la meditación. Se aconseja empezar modestamente e incrementar poco a poco el tiempo de meditación:

- **3 minutos**: se estabiliza la circulación sanguínea.
- **11 minutos**: se obtiene un efecto sobre la pituitaria y el sistema nervioso.
- **22 minutos**: la mente consciente y la subconsciente se equilibran y empiezan a trabajar unidas.
- **31 minutos**: la meditación afecta a toda la mente, el aura y los elementos internos del cuerpo: éter, aire, fuego, agua, tierra.
- **62 minutos**: la mente subconsciente y la consciente se integran.
- **2 horas y media**: se guardan los cambios en la mente subconsciente.

Los beneficios que la meditación aporta a nuestra salud

Según Dharma Singh Khalsa y Cameron Stauth en *La meditación como medicina,* se han llevado a cabo centenares de estudios que indican que la meditación tiene los siguientes beneficios para la salud:

- La meditación reduce el lactato de la sangre, un marcador del estrés y la ansiedad, así como la hormona del estrés, el cortisol. Se incrementan la melatonina (hormona del sueño), la serotonina (hormona de la felicidad), y la dhea (hormona de la juventud: se encarga de la memoria, la sexualidad y el control de peso).
- Baja la tensión arterial y aumenta la capacidad auditiva y de visión (marcadores de la edad).
- Reduce la aparición de las enfermedades del corazón (en un 80%) y el cáncer (en un 50%).
- Reduce el insomnio y la medicación en los pacientes con dolores crónicos.

- La ansiedad y la depresión mejoran significativamente.
- Disminuyen los síntomas del síndrome premenstrual en un 75%.
- Los dolores de cabeza de tipo migrañoso descienden considerablemente.

Cómo se produce el deterioro de la salud y el envejecimiento, y cómo ayuda la meditación a revertir ese proceso

Hay dos canales nerviosos, que se entretejen alrededor del nervio central de la columna vertebral, que actúan como conductores principales de la energía *kundalini* alimentando todo el sistema nervioso. Se llaman ida, la energía lunar, negativa; y píngala, la energía solar, positiva. Mediante la meditación se estimula esta energía, que sube por la parte central de la columna hasta llegar a la parte superior del cráneo, activando la secreción de la glándula pineal, que activa, a su vez, la segregación de sustancias químicas en el cerebro que rigen todo nuestro organismo. Cuando sometemos el cuerpo al estrés, uno de los primeros sistemas que se desgasta es el sistema endocrino, que es el que ayuda a que el cuerpo pueda repararse y regenerarse constantemente. De ahí que si este sistema no funciona bien se produce una aceleración del envejecimiento. Cuando elevamos la energía *kundalini* se activan estas sustancias químicas y, además, se experimenta un cambio importante en nuestra conciencia. Este cambio suele ser sutil y gradual, aunque a veces es espectacular a causa de la meditación y del *kundalini* yoga.

En el cerebro está el hipotálamo, órgano donde se decide qué hormonas necesitamos para reparar el organismo después de un desgaste. Un cerebro sometido a estrés se deteriora y no puede reparar los daños. Al debilitarnos somos aún más presa fácil del estrés y, finalmente, caemos en el agotamiento total, es entonces cuando aparecen la obesidad y la depresión.

Hasta hace muy poco se pensaba que nuestra mente es lo que había en nuestro cerebro, y que las sustancias químicas que nos afectaban emocionalmente (hormonas, neurotransmisores y péptidos o cadenas de aminoácidos) estaban en el cerebro. Ahora se sabe que estas sustancias químicas viajan por todo el cuerpo. Cada una de nuestras células tiene receptores de neurotransmisores, y la parte superior del intestino está llena de ellos. A veces éstos se excluyen mutuamente. Por poner un ejemplo curioso, la norepinefrina, el neurotransmisor de la alegría, tiene el mismo receptor que los virus, afirman Dharma Singh Khalsa y Cameron Stauth. Es decir, que si ataca un virus y ocupa un receptor ya no queda espacio para la alegría. Por esta razón las personas que tienen un resfriado viral se quejan de malestar emocional. Y de la misma manera, una persona que está siempre alegre no deja espacio literalmente en sus células para que entren los virus. Es decir, cuando somos felices nuestro sistema inmunológico está reforzado y no es ningún secreto que una persona deprimida tiene las defensas mucho más bajas.

Con la meditación vamos al origen del problema ya que durante las sesiones de meditación se favorece la secreción de las glándulas endocrinas. Al ascender la energía *kundalini* todas las glándulas son estimuladas. El *chakra* del tercer ojo, donde concentramos nuestra atención durante la meditación, se sitúa exactamente en el mismo punto en que se encuentra la glándula pituitaria. Por esta razón la meditación es la actividad más poderosa que existe para contrarrestar los estragos del envejecimiento y para generar vitalidad a cualquier edad.

También, como hemos visto, es importante seguir una dieta rica en nutrientes y baja en grasas saturadas, tomar suplementos alimenticios, y hacer ejercicio suave como el yoga para mantener la flexibilidad y la oxigenación.

Cómo es la mente meditativa

La mente meditativa es silenciosa, observa y aprende para entenderse a sí misma y a las cosas como son. Tiene como objetivo llegar al no-pensamiento, al corazón. No debemos tener miedo al vacío del no-pensamiento, ya que en ese vacío está el bienestar real y duradero. El bienestar en nuestra vida sólo es impedido por el pensamiento y el apego o rechazo a él.

La mente meditativa se dedica a observar lo que ocurre sin reaccionar a ello. Eso es meditar: contemplar sin reaccionar. Ese auténtico ver nos libera, pues ver las trampas de la mente nos ayuda a no caer en ellas. La mente meditativa presta atención sólo al momento presente. Cada paso que damos merece nuestra atención. Pretender otra cosa distinta de la que tenemos en este momento da paso al dolor de la resistencia; anticipar el resultado nos dispersa y nos agota. Si hay atención no hay dirección ni movimiento, sólo espacio. El espacio interior nos descansa y nos despeja.

Una mente meditativa se sitúa por encima de las fluctuaciones de las circunstancias y está preparada para afrontar todo lo que llegue, bueno o malo. Afrontarlo es precisamente lo que le sirve en su camino hacia el corazón bondadoso. La mente meditativa observa de dónde viene el sufrimiento para saber cómo librarse de él. Si sabemos la causa podemos ponerle remedio. Sin embargo, la mente ordinaria tiende a evitar lo desagradable, lo cual la sitúa en un estado de lucha constante.

La mente meditativa se permite sentirlo todo sin emitir juicios sobre ello: incomodidad, tristeza, soledad, ansiedad, depresión, ira, rencor... Observa las sensaciones que le producen los distintos estados mentales y luego los deja pasar. Al estar presentes, esas emociones llegan y se van sin llegar a formar parte de nuestro ser. Nuestros problemas viven dentro de nuestra mente, pero no dentro de nuestro ser. Con la meditación creamos el distanciamiento necesario; los problemas continúan ahí, pero es como si le sucedieran a otra persona. Al crecer la conciencia, los problemas disminuyen. Si hay un mínimo de conciencia, hay un máximo de problemas; si hay un máximo de conciencia, hay un mínimo de problemas. Con la conciencia total, los problemas simplemente desaparecen. Sin mente (sin pensamientos) no hay problemas. Y si aun teniendo pensamientos no nos identificamos con ellos tampoco serán nuestros.

Vivir inconscientemente, separados de los demás por nuestra mente, nos fracciona. Por el contrario, viajar a lo más profundo de la conciencia gracias a la meditación nos lleva a percatarnos de que somos uno con el resto de la existencia. El sentido último de la meditación es convertir a la mente en testigo de sí misma. Una mente que disfruta de estar donde está, y que no pretende nada más que sentir ese gozo. Meditar es una forma de entrar en nuestro propio paraíso. Hemos de practicar bastante para poder acceder a él, pero merece la pena absolutamente, pues es en el estado de plena atención como le encontramos sentido al momento presente y como entramos en la existencia verdadera.

La actitud meditativa. Aprender a ser testigo

Cuando aprendemos a ser el testigo o espectador de todo lo que nos ocurre en lugar de ser el actor de la película estamos adoptando una actitud meditativa. Actuando así nos convertimos en un espejo. Un espejo no devuelve emociones, no critica, no juzga, solamente refleja lo que ve. La conciencia no añade nada, simplemente está aquí y ahora. El ego hace lo contrario, siempre añade algo a lo vivido. Nunca son las cosas que nos ocurren la causa de nuestra desdicha, sino todo lo que añadimos a la vivencia, todo lo que pensamos sobre ello. Nos duele lo que pensamos sobre lo que nos pasa, más que los hechos en sí.

La conciencia está vacía de fantasías, opiniones o juicios; es la vida en estado puro. El ego es la sombra que se proyecta sobre la vida y que enturbia todas las vivencias. Sin interpretaciones nuestras vivencias son sensaciones puras, con interpretaciones empieza el sufrimiento. Hacemos juicios sobre lo que vivimos y nos perdemos en ellos; las interpretaciones nos alejan del presente y nos llevan a la deriva, pues vamos saltando de un razonamiento a otro a veces sin orden ni concierto. La actividad pura es poco común, siempre queda oscurecida por la película que nos montamos alrededor de ella.

Ser testigo rompe la identificación que nos esclaviza a los hechos de nuestra vida. Dejamos de creer que somos nuestra «careta», nuestra imagen exterior o lo que nos pasa, y empezamos a comprender que tenemos una dimensión más profunda. En ese momento nuestra mente no cesa, pero sí se convierte en algo que ya no nos domina, en un instrumento que podemos usar cuando lo necesitemos. Si la energía que empleamos en pensar la ponemos en estar alerta, se rompe la identificación. Ambas cosas no suceden juntas; o pensamos o estamos alerta. La desidentificación nos da una visión real de lo que somos y nos desliga de lo que creemos ser. Si somos constantes, cada vez nos resultará más fácil ser testigos de nuestra propia vida.

Ser testigo. Ejercicio práctico

Practiquemos en un día cualquiera ser como un espejo. Parémonos un día tranquilamente, en cualquier sitio, en cualquier momento. Hemos de mirar, escuchar y ser testigos del mundo y de nosotros mismos. No pensemos. Limitémonos a mirar sin pensar, a mirar con los ojos de un niño, con ojos sin pasado. Ver (oír, sentir...) sin pensar es una llave para abrir la puerta del presente y la puerta de la verdad. Al no pensar empezamos a sentir que detrás de los pensamientos hay alguien oculto. Es nuestra conciencia, es lo que realmente somos, no lo que creemos ser. Normalmente pensamos que los hechos de nuestra vida son nuestra realidad, ahora comprendemos que nuestra conciencia es nuestra realidad.

Relajemos el cuerpo y practiquemos ser testigos durante diez o quince minutos. Ser testigo es no intentar cambiar lo que estamos viendo, ni reaccionar a ello; si estamos inquietos permanecemos inquietos, si estamos tristes permanecemos tristes, no intentemos cambiar nada. Cada cosa se está convirtiendo en su opuesto de forma constante. Si logramos ver esto, podremos comprender cómo funcionan todos los fenómenos y así tendremos la clave para deshacernos de ellos, no entrando en su dinámica.

Ser testigo es lo que hace el buen meditador: observar, estar alerta sin ser cautivo de nuestros pensamientos o estados mentales. Si nos acostumbramos a estar en ese estado de alerta poco a poco iremos despertando, e incluso a veces mientras soñemos seremos conscientes de que estamos soñando. Podemos estar despiertos incluso cuando dormimos si nuestra conciencia es plena y, al contrario, podemos estar dormidos, y de hecho lo estamos casi todos, a pleno día y a pleno sol, si nuestra conciencia está dormida.

Volvernos testigos de nuestra mente es darle descanso, frenarla. Permaneciendo en silencio enseñamos a la mente a volverse silenciosa. Sentémonos y escuchemos los sonidos que hay a nuestro alrededor, sin ningún propósito particular ni interpretación acerca de lo que significan. Cuando meditamos o cuando somos un testigo estamos creando espacio en nuestro interior para que la luz que está escondida dentro de nosotros pueda expandirse y llenar nuestro ser. Es necesario quitar los trastos viejos y toda la suciedad de una habitación para que vuelva a ser clara y diáfana y hacer de ésta un espacio habitable. Le ocurre igual a nuestro interior: si despejamos el espacio, volveremos a disfrutar de nuestro propio ser, que se esconde debajo de montones de basura mental.

Dejar de aferrarnos a nuestras propias opiniones

Nada te turbe, Nada te espante,
Todo se pasa, Dios no se muda.
Santa Teresa de Jesús,
mística española (1515-1582)

Al meditar observamos nuestros pensamientos y emociones sin hacer juicios sobre ellos. Al ser testigos observamos todo lo que sucede a nuestro alrededor sin ponerle etiquetas de bueno o malo. Ahora te propongo que des un paso más: observa cómo la mayor parte del tiempo estás luchando por imponer tus opiniones a los demás. Tenemos la tendencia a considerar nuestras opiniones como verdades, opinamos sobre lo conveniente y lo inconveniente, lo agradable y lo desagradable, lo divertido y lo aburrido, lo beneficioso y lo perjudicial… Nos aferramos a nuestras opiniones y las defendemos de forma agresiva, quitando paz a nuestro entorno. Nuestras verdades son generalmente opiniones, cada persona tiene las suyas propias y es violento intentar imponerlas a los demás. No necesitamos que nadie nos dé la razón para tener paz interior. Cada día luchamos por imponer nuestro criterio a los demás, y es así como perdemos nuestra paz. Se diría que nos va la vida en ello. ¿Por qué necesitamos que estén de acuerdo con nosotros o que nos den la razón? ¿Qué se esconde detrás de esa necesidad de estar siempre en lo cierto? ¿Por qué necesitamos tener razón a toda costa? Fíjate que siempre es nuestro ego luchando por ser más. No te dejes dominar por tu mente, deja de querer destacar sobre el resto. Si no tenemos la razón, ¿qué nos ocurrirá? Nada, en realidad, no necesitamos tener la razón para ser dichosos. Si nosotros sabemos que algo es cierto, ¿para qué necesitamos confirmación de un tercero? Podemos seguir teniendo nuestras opiniones, pero no tratemos de imponérselas a los demás, ya que cada uno tiene su propia percepción de la realidad.

Tampoco necesitamos tener el control. Más bien al contrario, es nuestra necesidad de control lo que arruina nuestra felicidad. Encontramos nuestra libertad y nuestra tranquilidad cuando dejamos de querer ejercer control sobre los demás, cuando dejamos de querer ser más o mejores, y cuando dejamos de querer tener razón. Deja a los demás ser como son y tener sus propias opiniones. ¡Verás qué liberación!

Es posible que, llegados a este punto, pienses que no estoy en lo cierto, pues tu causa es muy noble y muy justa; no es una opinión, está muy documentada, es una «verdad». Es cierto que hay hechos documentados que no son opiniones, y si alguien los niega nos provoca defender esa causa, sobre todo en temas de justicia social. Pero una defensa agresiva es al fin y al cabo más violencia. Si no podemos defender nuestra causa de forma calmada, más vale que no la defendamos, pues nuestra energía negativa sólo engendrará más energía negativa. Pongamos un ejemplo, supongamos que alguien niega el holocausto judío (como de hecho algunas personas han hecho). Están bien documentadas todas las aberraciones cometidas por los nazis a los judíos durante el holocausto, pero si alguien lo niega es que se niega a ver la verdad, y su problema es la falta de corazón y compasión. Saberse poner en el lugar de personas que han sufrido tales calvarios es poder pensar que esa persona podríamos ser nosotros. Si vemos que alguien demuestra tal frialdad, debemos tener compasión de esa persona, pues quien es incapaz de sentir amor es desdichado y necesita más amor que nadie. No necesitamos tener razón ante personas así; si nosotros sabemos la verdad, es suficiente. Deja de aferrarte a tener la razón, desperdicias una gran cantidad de energía justificando tus argumentos. Observa tu necesidad de ser tú quien estés en lo cierto y libérate de ella. Cada día de nuestra vida es una oportunidad para darnos cuenta de que nuestra paz no está en tener la razón, sino en no pretender tenerla a toda costa.

Conectarnos con los cinco sentidos

Si supiéramos que esta noche íbamos a quedarnos ciegos, echaríamos una última mirada real y anhelante a cada hoja de hierba, a cada formación nubosa, a cada mota de polvo, a cada arco iris y gota de lluvia, a todas las cosas. Si supiéramos que mañana nos íbamos a quedar sordos, atesoraríamos cada sonido que oyéramos. [...]
PEMA CHÖDRÖN,
monja budista (Nueva York, 1936)

¿Cuántas veces nos hemos sentado a la orilla del mar y no hemos sido capaces de ver el mar? ¿Cuántas veces estando en la montaña no hemos visto ni un árbol ni hemos oído ningún pájaro? ¿Cuántas veces nos hemos perdido por completo el espectáculo que teníamos justo delante de nosotros? Disfrutar de la belleza que nos rodea requiere que tengamos un alma simple. Es muy fácil perderse la realidad más cercana, ya que no podemos desligarnos de nuestra mente saturada de juicios y pensamientos que nos impiden ver lo más inmediato.

Si observamos a las personas en un día cualquiera veremos que todos caminan por la misma ciudad pero cada uno percibe cosas distintas. Cada uno de nosotros vive en su propio universo agitado, siguiendo el guión de su propia película, aislados de la auténtica realidad que nos rodea. Nuestros propios temores, fantasías y esperanzas nos apartan de la realidad del presente y de experimentar el mundo de forma directa. Evadirnos mentalmente nos impide sentir lo que está llegando ahora a nosotros a través de nuestros sentidos. Cuando no nos gusta lo que nos toca vivir, utilizamos la mente como vía de escape, pero al hacerlo nos perdemos la vida real. Si somos capaces de sentir sin pensar en otra cosa, conseguimos bajar de la cabeza al corazón, de la mente al cuerpo. Es posible cruzar el umbral hacia el verdadero gozo de vivir con sólo prestar atención a lo que percibimos con los cinco sentidos. Cuando conseguimos estar conectados de esta forma al Mundo Real no hay lugar ni pensamiento mejor. Sin embargo, cada día sacrificamos la vida en este momento para pensar en cosas que no están aquí y ahora. Nos ausentamos de nuestra propia vida y de nuestras propias experiencias para vivir una vida que no existe. Al fantasear nos alejamos de lo real, necesitamos nuestros cinco sentidos para que actúen como pilares de nuestra realidad y nos ayuden a poner los pies de nuevo en la tierra de nuestra vida.

Si necesitamos unas vacaciones debemos saber que el presente es un lugar de descanso absoluto: ver, oír, tocar, oler y saborear nuestra vida como es nos recarga de energía vital porque en el presente fluimos con la vida. El ejercicio a realizar para conectarnos con los cinco sentidos es muy sencillo: sólo tenemos que convertir cualquier actividad rutinaria en un fin en sí misma. No realizaremos algo para obtener otra cosa, sino que lo haremos por el simple placer de disfrutar haciéndolo, sin evaluar lo que está sucediendo y sin apresurarnos para acabarlo. Los antiguos textos budistas llaman a esto «hacer de su vida el camino», es decir, utilizar lo que podrían ser distracciones mentales como apoyos para descansar la mente.

En la vida cotidiana las distracciones están por todas partes; se trata de aprender a manejarlas decidiendo de manera consciente poner la atención en todo lo que nos rodea, ya que es poniendo atención como la mente se tranquiliza. Si vas por la calle mira lo que te rodea, entrénate cada día en ver, oír, sentir, oler y saborear verdaderamente lo que tienes delante, sin dejarte llevar por tus fantasías mentales. Estás a un paso de estar presente, puedes dar ese paso cada día y en cada momento.

Vista

Mira activamente lo que tienes delante. Hoy mientras conduzcas o camines hacia el trabajo busca con la mirada algo nuevo en lo que no hayas reparado nunca. Observa los colores, si ves el color azul percibe su tono: azul turquesa, azul marino, azul cielo… Advierte la viveza o el brillo de esos colores o, por el contrario, su falta de luz y opacidad. Pero no has de pensar, sólo sentir los colores, vivirlos. Observa a la gente por la calle, a nuestros amigos en una reunión, a la gente en el metro o en cualquier otro lugar: sus gestos, sus ropas y sobre todo sus ojos. Los ojos son el espejo del alma, si somos buenos observadores podremos ver muchas cosas en ellos. Mira el paisaje: si están naciendo las flores o hay hojas caídas. Siente las sensaciones que te transmite el paisaje y todo lo que ves.

Oído

Escucha a tu prójimo y no le interrumpas; todos necesitamos ser escuchados. Escucha el ruido de fondo de tu vida: quizás llegues a oír el canto de los pájaros, unos niños jugando, perros ladrando, el tráfico, la lluvia sobre el tejado, la música en la radio, o el ruido de fondo del televisor. O quizás seas privilegiado y puedas oír los sonidos de la naturaleza: las olas del mar, el fluir de un río, los sonidos de animales al aire libre, la lluvia al caer sobre las hojas de los árboles, el crepitar del fuego de una hoguera, el ruido de tus pasos al caminar por el bosque...

Olfato

El olfato es un sentido que está actualmente bastante perdido debido a la gran cantidad de toxinas que acumula nuestro intestino (este órgano está estrechamente relacionado con el olfato). Si no está limpio de toxinas no tenemos la misma capacidad olfativa. Merece la pena hacer una cura de ayuno con sirope de savia y limón, para poder percibir plenamente los olores. La experiencia olfativa se pierde cuando, por ejemplo, tenemos un resfriado ya que perdemos los matices y el goce que nos llegan a través del olfato. Oler de forma total es muy placentero, nos conecta con nuestra parte más sexual. El olfato y el sexo también están conectados. El olor de una persona es lo que activa o no nuestra propia sexualidad hacia ella. Aparte de oler las flores, los perfumes o los alimentos, intenta captar otros olores, como el olor a tierra mojada o a césped recién cortado. Al fregar los platos puedes oler el jabón líquido, al ducharte oler el champú, las cremas y geles corporales. También los suavizantes para la ropa, los productos de limpieza… La gama de olores es inacabable. Existe todo un universo de olores relacionados con los perfumes de las velas aromáticas, los aceites esenciales, los inciensos, etc. Con toda esa experiencia aromática apercibimos que el olfato nos conecta directamente con el placer. Puedes gozar con los olores, fundirte con ellos, saborearlos.

El gusto

Mastica despacio saboreando lentamente la comida. Puedes sacar el máximo placer de cada bocado. El gusto y el olfato están íntimamente relacionados; todos los sentidos nos conectan con nuestro cerebro emocional. Cierra los ojos y percibe los diferentes sabores. ¿Puedes apreciar la diferencia entre dulce, salado, agrio, ácido, amargo o picante? Concéntrate en cada uno de ellos, intentando identificarlos en los alimentos. ¿Los habías advertido antes?

Repara en la textura, la temperatura y la sensación de las cosas. Puedes empezar por la ropa: si es algodón, viscosa, terciopelo, ropa tejana, seda… ¿Qué sensaciones te aportan las diferentes texturas? Puedes tocar la piel de un bebé, coger la mano de alguien; a través de ella puedes sentir la energía de la persona y darle tu apoyo incondicional. Da un abrazo a la persona amada, a un amigo o a quien creamos que lo necesite en ese momento. Cuando estés con tu pareja, acaríciala suavemente durante bastante rato con el único propósito de percibir el placer de tocar y ser tocado. Puedes sentir el agua de una ducha caliente caer sobre tu piel, ir a un spa o balneario y sentir los diferentes chorros de aguas a distintas temperaturas chocar contra tu cuerpo, o gozar la sensación de las aguas termales con burbujitas. Puedes sumergirte en una pileta de agua helada después de sudar profusamente en una sauna, la sensación de sentir el plexo solar desbloqueándose es muy agradable y te parecerá estar flotando.

En definitiva, se trata de estar vivos, de estar aquí y ahora sin añadir nada más. Al reparar en lo que entra a través de todos nuestros sentidos, empezamos a sentir matices delicados en los cuales no nos habíamos fijado. Cuando nuestra conciencia se enfoque en este momento estará aquí otra vez. Sentirás cosas nuevas. Reconocerás que ya estaban ahí, pero que se te habían escapado. Esta práctica es una puerta de acceso inmediato al Mundo Real. Cuando tu mente confusa te haga sufrir puedes conectarte con tus sentidos, dejando de lado juicios y pensamientos, limitándote a sentir.

Vamos ahora a poner ejemplos prácticos, cualquier cosa nos servirá para realizar este ejercicio: lavarnos las manos, lavar los platos, caminar por la playa, hacer la comida, etc. Consideremos cualquier cosa que hagamos de forma consciente como una meditación. Es lo más importante en nuestra vida en esos momentos. Estemos atentos siempre a la respiración para que nuestra mente no se distraiga y no intentemos darnos prisa para acabar. Seamos conscientes de cada movimiento y de que lo estamos realizando.

Lavar los platos

Thich Nhat Hanh dice: «Hay dos formas de lavar los platos. La primera es para que queden limpios y la segunda, por el simple hecho de lavarlos». Aprendí a lavar los platos simplemente por lavarlos hace muchos años cuando intenté poner esto en práctica al leer su libro *Hacia la paz interior*, y desde entonces es la tarea de casa que más me gusta hacer. El hecho de meter las manos en el agua caliente jabonosa y el olor del jabón transforman algo que podría resultar tedioso en una experiencia muy agradable. Se trata de no lavarlos rápido para sacarnos la tarea de encima lo antes posible, pensando en el fastidio que supone hacerlo, sino de recrearnos en el hecho de lavarlos, conseguir que nuestra fuente de placer sean las sensaciones que nos produce el contacto con los objetos de los sentidos: el calor y el tacto del agua, el aroma del detergente… En definitiva, en palabras de Thich Nhat Hanh, «sentir mientras lavamos los platos que estamos vivos […], percibir mientras estamos de pie ante la pileta el milagro de la vida».

Lavarnos las manos

Adopta una actitud relajada. Escucha el sonido del agua al caer en la pila, percibe el calor o el frío del agua y pon la atención en tus manos, en el movimiento de las mismas y en el aroma del jabón. Disfruta de la experiencia.

Preparar el té

Sé consciente de cada movimiento mientras lo realizas, concéntrate en la respiración. Prepara el té moviéndote lenta y suavemente. Puedes reparar en cada detalle: el ruido de las tazas y del té al verterlo, el material de la taza, el aroma del té, la habitación en la que te encuentras, las personas que hay en ella, los colores, el sabor del té… Que tu mente no divague con otras cosas, si lo hace vuelve a respirar y vuelve adonde estás. Mantén siempre una ligera sonrisa que demuestre una actitud interna de satisfacción.

Caminar por la playa

Sé consciente de cada paso que das, que tu respiración te devuelva adonde estás a cada instante. Fíjate en los colores, en la luz del sol, el olor a mar, el sonido de las olas, el graznido de las gaviotas al volar, el tacto y la temperatura de la arena o del agua...

En el parque

En un parque puedes tumbarte sobre el césped y sentir el verdor que te rodea, el aroma que viene de la tierra, la humedad...

Tomar un baño

Tomar un baño ha sido siempre uno de los grandes placeres de mi vida: la sensación del agua caliente, el jabón cremoso y aromático, los aceites esenciales puestos en el agua, la relajación de todo el cuerpo producida por el agua caliente y vaporosa, lavarme el pelo con champú y mascarillas… Toda la experiencia olfativa relacionada con el hecho de tomar un baño tiene para mí la categoría de cinco estrellas. El lama norteamericano Surya Das, gran estudioso de los grandes maestros del Tíbet, afirma que el agua suaviza y calma el alma porque representa la claridad innata de la mente. Según él el agua, ya sea de una cascada, las olas del mar, de una piscina, de la lluvia o incluso una lágrima, reflejan la naturaleza pura, cristalina y refrescante del espíritu interno.

Las tonalidades de la vida pueden llegar a ser infinitas a poco que pongamos atención. No podremos captar las cosas sutiles si no percibimos las obvias. Sentir los rayos de sol, la lluvia y la hierba es un paso que tenemos que dar para poder después sentir cosas más profundas como el amor y la compasión. Poner los cinco sentidos en lo que hacemos convierte todos los momentos en valiosos. Si cada actividad que realizamos la hacemos deprisa sólo por el fin que obtendremos de ella, nos perdemos la esencia de lo que vivimos. Deja de hacer cada cosa deprisa pensando en lo que harás a continuación, ésa es la forma de perderte cada una de ellas. Tómate el tiempo necesario para disfrutar de las cosas que están pasando. Dice Thich Naht Hahn que si lavamos rápido los platos para poder tomarnos el postre, la textura y el sabor del mismo también se nos escaparán y perderemos parte del placer de comérnoslo. No dejes que tu mente se vaya hacia adelante o hacia atrás mientras realizas una tarea, pues lo que está ante ti se desvanecerá.

Durante la mayor parte de nuestra vida el tiempo pasa sin nosotros, que estamos ausentes en un rincón de nuestro mundo mental irreal, perdidos en nuestras fantasías.

El 99 % del tiempo hacemos una cosa y pensamos en otra, no hacemos nada realmente con los cinco sentidos. Cualquier acto cotidiano puede ser una pequeña meditación si nos entregamos a lo que hacemos. Si verdaderamente quieres ganar tiempo vive momento a momento. En el presente el tiempo discurre más lentamente y la vida se vuelve placentera. Cuando renunciamos a perseguir el tiempo, éste se expande ante nosotros. El tiempo está en la mente; si hay mucha mente hay poco tiempo, y si hay poca mente (pocos pensamientos) hay mucho tiempo. Para generar tiempo de vida necesitas crear espacio en tu interior.

La vida real es lo que está sucediendo ahora. Recréate en lo que haces, recupera tu sensibilidad. Siente más y piensa menos. Vive más con el corazón y menos con la cabeza. Es preciso sentir el cuerpo y lo que nos rodea para poder llegar a sentir el alma. Que ningún deseo de conseguir algo en el futuro ni ningún tipo de pensamiento o fantasía te arrebate la dicha de estar aquí plenamente presente. Vuelve al corazón, escucha a alguien mirándole a los ojos, prepara la comida pensando en el disfrute de los demás, siente las cosas que les ocurren a los otros como si te ocurrieran a ti mismo. Camina viendo, sintiendo y percibiendo todo lo que te rodea. Maravíllate con todo lo que esta vida tiene que ofrecerte, puedes abrir los ojos y conectarte con el Mundo Real. Está a un segundo de aquí, si te lo propones.

La cocina como meditación

Cuando entras en actividad, descubres que el mundo se presenta vivo con sus espinacas, lechugas y frijoles; con tablas de cortar, fuentes de horno y esponjas. Te liberas de lo

Una actividad tan habitual como cocinar puede resultar perfecta para incorporar la conciencia a nuestra vida diaria. Cocinar es una forma muy completa de conectar con la realidad física que nos rodea porque en ella se hallan implicados los cinco sentidos: el gusto, el olfato, la vista, el tacto y el oído.

La comida se ha convertido hoy en día en un simple combustible de pobre calidad, y cocinar ha pasado a ser una tediosa tarea que nos consume el poco tiempo del que disponemos. Pero a poco que pongamos atención podremos percibir el color, el sabor, el olor, la textura y el sabor de los alimentos, una auténtica fuente de placer sensorial. Se trata de trabajar con ingredientes sencillos y de poner atención y cariño al cocinarlos. Podemos dar nuestro amor a través de la comida, además de disfrutar creando. De esta manera cocinar se convierte en una meditación perfecta y en una forma de aportar curación a todos los niveles. Los ingredientes sanos y frescos cuidan nuestro cuerpo físico y el amor con el que preparamos los diferentes platos puede llegar a las personas que los toman contribuyendo a curar su cuerpo emocional. El hecho de que alguien cocine para nosotros aplaca nuestra necesidad de sentirnos queridos. Más allá de la nutrición del cuerpo, nuestro espíritu también se alimenta cuando nos cuidan con la comida. Al cocinar, algo del corazón se da y se recibe, dice Edward Espe Brown.

Esto nos lleva a reflexionar sobre cómo nos alimentamos hoy en día. ¿Dónde quedan los ingredientes naturales? ¿Y dónde fue el cariño que ponían nuestras abuelas al preparar platos caseros con tiempo y sin prisas pensando en darnos salud y placer con ellos? Nos estamos alimentando de comida procesada, pre-cocinada, alterada genéticamente y empaquetada en serie. No le damos al hecho de cocinar el valor que tiene cuando no nos tomamos el tiempo necesario para hacerlo. Cocinar es una oportunidad perfecta para sentir la paz y la plenitud que nos da estar en el momento presente siendo conscientes de cada paso: lavar el arroz o las lentejas, cortar las verduras, remover la sopa, amasar el pan...

La comida, que hoy en día damos por supuesta, es en realidad algo precioso. Nuestros padres y abuelos padecieron el hambre de posguerra en España. Sólo una generación nos separa de esa época de escasez. Sin embargo, no solemos tener esto presente y nos quejamos a menudo de lo que tenemos para comer. Deberíamos ser más agradecidos por el simple hecho de tener comida. Gran parte de la población de este planeta se está muriendo de inanición cada día. La gran paradoja es que la otra mitad tira toneladas de comida a la basura. Algo falla en nuestra cultura. Mientras millones de niños mueren de hambre, otros tantos están a dieta por obesidad. Estamos perdiendo la salud y la vitalidad al cocinar de forma rápida y sin atención o no cocinar en absoluto. En muchos hogares se ha perdido el placer de compartir la comida con los seres queridos, ya no se estila sentarse a la mesa a comer más que en ocasiones especiales. Más común que usar platos y cubiertos sentados alrededor de una mesa, es comer comida envasada frente al sofá mirando el televisor, sin mirarnos a los ojos. ¿A qué esperamos para compartir la vida con nuestros seres queridos? Es mucho más tarde de lo que nos pensamos. Esto es todo lo que hay, esta simple vida, este poder compartir ya es en sí algo extraordinario. ¿O estamos esperando a que llegue algo más? Las grandes experiencias que esperamos tener en el futuro están escondidas en esta cotidianidad, lo maravilloso es invisible a los ojos de las mentes frenéticas, incapaces de apreciar lo verdaderamente valioso.

La obesidad, la diabetes y el cáncer son tres enfermedades muy comunes que van en aumento y que se derivan de nuestra inconsciencia al vivir y al comer. Está demostrado científicamente que estas enfermedades han alcanzado un nivel epidemiológico y en muchas ocasiones se derivan de comer alimentos sin sustancia y otros directamente perjudiciales como son los azúcares refinados, las harinas blancas o las grasas vegetales e hidrogenadas. Alimentos que no formaban parte de nuestra alimentación en el pasado, y que ahora son nuestra dieta habitual. Esta forma de comer nos indica que estamos ciegos ante lo más básico, que es sentirse bien y vivir con alegría, y esto ocurre cuando nos alimentamos, vivimos y respiramos conscientemente. La preocupación nos distrae y perdemos la atención y la alegría. Como decía Thoureau, la persona feliz es la que camina sólo por el placer de caminar. Darnos prisa para acabar de cocinar es perdernos el placer de recorrer el camino. Al cocinar podemos trabajar en nosotros mismos y causar un efecto en los demás. Las sensaciones de amasar el pan y olerlo nos pueden hacer sentir vivos, sensaciones que quedan energéticamente impregnadas en la comida y pasan a los demás.

Escoge preparar un plato con ingredientes simples y concéntrate delicadamente en cada tarea. Se trata de encontrar el placer en el mismo hecho de cocinar y no solamente en degustar el plato. Pon la atención en cada movimiento y respira suave y profundamente. Prepara con cuidado las superficies y utensilios que vayas a utilizar, así como el espacio físico, que ha de estar limpio y ordenado. Puedes tocar los ingredientes, lavarlos con atención, mirar los colores y sentir las texturas. Experimenta con nuevos ingredientes y mezclas de sabores. Sé consciente de tus manos, siente lo que hacen. Edward Espe Brown dice que a nuestras manos les gusta estar ocupadas y sentirse útiles. Es nuestra mente la perezosa. Escucha el ruido de los utensilios al cortar o trinchar, remueve las sopas, fritos o rehogados. Percibe el aroma de los alimentos y de los platos ya preparados. La cocina es pura alquimia, el arte de transformar los alimentos en una comida sabrosa e incluso en una obra maestra. Y también el arte de dar amor con la comida, un amor que puede sanarnos a través de una simple receta culinaria. Nos convertiremos en lo que comemos, absorberemos su energía, si es que la tiene. Comer bien es respetarnos. Cocinar nos puede conectar con el momento presente y es sentirnos conectados lo que nos hace felices.

Cuando laves el arroz, lava el arroz;
cuando cortes zanahorias, corta zanahorias;
cuando remuevas la sopa, remueve la sopa.
Maestro zen Suzuki Roshi
(Japón, 1904-1971)

Tengo que decirlo: se produce un éxtasis al comer tomate. [...]
Mi boca explota de luz solar, agua, cielos azules, retazos de
nubes. Cantos de pájaros y zumbidos de insectos.
La tierra, ya sea roja, negra o marrón, o polvo amarillo,
se ha destilado en pulpa, semilla y zumo.
Mi cuerpo responde y se llena de vida.
Sonrío.
EDWARD ESPE BROWN,
monje zen y cocinero americano

El silencio

Hay que buscar el silencio como medio para llegar
a un nivel más alto del presente.
PHILIP GRÖNING,
director de la película *El gran silencio* (EE.UU., 1959)

Escuchar el silencio es un método para acceder a la plena conciencia. Percibiendo el silencio sentimos una paz instantánea, porque podemos advertir en él nuestra propia esencia. Todo surge del silencio, un vacío sin el cual no podría haber palabras. A veces, sólo el silencio puede comunicarnos lo que ellas no pueden.

En nuestra sociedad moderna el silencio es un lujo difícilmente alcanzable, un paraíso perdido. Nuestras mentes sin silencio no dejan de juzgar a todo y a todos, la mayoría de las veces como una forma de esconder nuestras propias debilidades. Esta manera de enjuiciar a los demás constantemente agota nuestra energía vital y nos produce hartazgo. Hablar sin que nuestro vigor se consuma requiere hacerlo con conciencia, buenas intenciones e intercalando períodos de silencio. Pero el silencio es más difícil de dominar que las palabras.

Lo cierto es que no siempre necesitamos hablar para expresarnos. A veces, el silencio es más que suficiente. En el libro *Las voces del desierto,* de Marlo Morgan, se expone cómo la tribu aborigen de los Auténticos se comunica por telepatía incluso alcanzando distancias de treinta kilómetros. Su secreto es su limpieza de alma; el no mentir nunca los capacita para una comunicación sin palabras. Los miembros de esta tribu tan espiritual no piensan que la voz esté destinada al habla, ya que dicen que cuando se usa la voz para hablar uno se enreda en conversaciones innecesarias y poco espirituales. Para ellos la voz está hecha para cantar, loar y sanar.

Para transmitir algo lo más importante es sentirlo interiormente. Por ejemplo, no hace falta hablar para demostrar nuestro valor, sólo tenemos que sentirnos valiosos para que eso se transmita a los demás. Tampoco necesitamos demostrar nuestra fortaleza con palabras. Si callamos el tiempo suficiente, nuestras palabras surgirán con fuerza y transmitirán verdades. Ni hablar más alto para ser escuchados, sino saber callar y resistir la tentación de entrar en juegos de egos. La contundencia en las palabras surge de las profundas raíces que éstas tengan en el silencio. Una actitud silenciosa es lo que nos permite controlar las situaciones. Sin embargo, hablar sin pensar puede hacernos esclavos de nuestras palabras. Cada palabra deja una huella, y algunas de éstas son imposibles de borrar. La práctica del silencio nos permite centrarnos en nuestra propia vida y dejar que los demás resuelvan sus propios problemas.

Ante una crítica el hecho de no defendernos demuestra que las opiniones de los demás no nos afectan, por el contrario, defendernos refuerza su agresión. Nuestro silencio nos da impasibilidad y vuelve a poner nuestra vida en orden. Para recobrar el poder interior y conseguir estar en paz debemos acometer la dura tarea de acallar al ego. Nuestro desequilibrio como sociedad viene de la ausencia de silencios y del exceso de palabras sin sentido y sin sustancia, que vienen de un ego que habla todo el tiempo. El ruido constante no nos deja encontrarnos a nosotros mismos. El ego es un tóxico que envenena nuestro ser, un zorro astuto que quiere vivir y el silencio es la luz en la que no puede hacerlo, así que maquinará mil tretas para que sigamos viviendo en la oscuridad. Al empezar a vivir en el silencio, empezamos a percibir la proyección que hemos vivido como nuestra propia realidad. El proceso es humillante y doloroso, porque tendremos que aceptar que esa persona tan abyecta éramos nosotros, pero verlo es lo que nos prevendrá de seguir siéndolo. Ver nuestra sombra es un proceso a través del cual morimos a una clase de vida y nacemos a otra mucho más satisfactoria. Si conseguimos silenciar al ego, veremos al fin la claridad. Sin el silencio nuestra alma no tiene luz.

Los seres espirituales se retiran al silencio, lo ansían, sienten que allí está su paz. El silencio no significa ausencia, como puede parecer, lo divino se encuentra en el silencio absoluto, por eso los monjes lo cultivan al máximo para poder tener la experiencia mística. ¿Qué nos mueve a todos los demás en el sentido contrario? Ir hacia el ruido es una huida hacia adelante. Escuchar música alta, no dormir, no parar de trabajar o hablar por hablar tapa el *horror vacui* de nuestra vida. En principio quedarnos en silencio o sin nada que hacer nos produce angustia. ¿Qué hay en el silencio? No sabemos qué hay en el abismo de nuestro ser. Y no lo sabremos hasta que no moremos el tiempo suficiente en él como para anular las manipulaciones de un ego bullanguero. Nuestros pensamientos son el ruido que no nos deja percibir el silencio. Es preciso dejar de pensar para percibirlo, aunque podemos realizar esto a la inversa, es decir, escuchar el silencio para dejar de pensar. Sólo un estado de silencio interno puede percatarse del silencio externo, dice Eckhart Tolle. Ahí afuera todo nos parece muy ruidoso porque nos damos muy poco espacio para el silencio. El ruido está dentro, es solamente el reflejo lo que vemos fuera.

La nuestra es la sociedad del ruido. El silencio y las pausas no resultan rentables económicamente. Llenamos nuestras agendas y no dejamos lugar para oír el silencio. Sin embargo, citando al director de cine alemán Philip Gröning, advertimos que es solamente al adentrarnos en el silencio cuando empezamos a ver y oír con claridad: «…es con la ausencia del lenguaje cuando aparece el mundo a tu alrededor con más claridad, el oído y la vista se agudizan, y se puede apreciar más la belleza de las cosas que tenemos a mano, que son muy valiosas y que normalmente nos pasan inadvertidas». Es decir, cuanto menos hablamos más cosas percibimos de nuestro alrededor. Adquirimos la capacidad de entrar en el interior de las personas y ver su realidad y su dimensión más profunda. Podemos percibir su ansiedad, calma, respeto, codicia, disgusto, fatiga… cuando nuestra propia mente se aquieta.

La práctica del silencio

Dejar paso al silencio no resulta fácil al principio, dada la cantidad de ruidos externos e internos a los que estamos expuestos. Pero la práctica hace al maestro, así que empecemos por tomarnos un día a la semana o algunas horas del día para abstenernos de conversar. Cualquier momento del día puede ser bueno para hacernos conscientes del silencio. Incluso cuando el ruido externo nos moleste, pensemos en la calma que hay más allá del ruido. Si no nos resistimos a él ni intentamos apartarlo, dejará de molestarnos.

Otra manera sencilla de percibir el silencio es poniéndonos en contacto con la naturaleza. En el medio natural las flores, los árboles o las montañas reflejan la calma interior que hay detrás del ruido del ego. El silbido del viento, el agua que fluye, el crepitar de un fuego o el sonido de la lluvia nos pueden poner en contacto con algo sagrado, que según Eckhart Tolle, hay más allá y que no puede ser comprendido a través del pensamiento. Los sonidos naturales nos pueden llevar también a un estado de reflexión. Según el escritor americano Thomas Moore, oír el aullido de un lobo en una noche silenciosa o el repiqueteo de la lluvia contra el cristal nos puede llevar a reflexiones sobre aspectos de nuestra propia vida. Escuchar una cascada de agua, el mar contra las rocas o los sonidos del amanecer en un bosque en primavera nos alimenta el alma. El silencio nos permite percibir los sonidos sutiles que no nos deja oír nuestra escandalosa civilización. Un ruido estruendoso nos ofende en lo más íntimo, un instante de silencio absoluto puede recomponernos. El alma agradece la quietud, se nutre de ella. Para acceder a la verdad de lo que somos tenemos que cultivar cada día el silencio, nuestro ser lo necesita y nos lo agradecerá.

El silencio y el ser espiritual están estrechamente unidos. En cualquier lugar de culto espiritual lo que nos llama la atención es el silencio. Las iglesias, por ejemplo, son, o al menos deberían ser, templos dedicados al silencio. Al entrar en ellas, el silencio nos lleva a un estado de recogimiento y de paz. Podemos utilizar estos lugares sagrados para conectarnos con nuestra paz interior. El oído está conectado con el cerebro límbico, la parte cerebral que se ocupa de las emociones, igual que el olfato, la visión, el tacto y el gusto. Lo que percibimos a través de los sentidos nos evoca emociones y recuerdos que están gravados en nuestra memoria emocional. La música y los sonidos penetran en los niveles más íntimos de nuestra mente y de nuestro ser. Lo que llega a nosotros a través de nuestros oídos, y a través del resto de los sentidos nos convertirá en seres sosegados o bien en seres inquietos y agresivos. Por esta razón, si escuchamos los sonidos del silencio más a menudo, nuestra vida se volverá más consciente y espiritual. El silencio puede ser un gran maestro y puede suponer una curación para nuestra alma.

Escuchemos el silencio cada día, concedámonos un tiempo de soledad silenciosa para armonizarnos. Nuestras preguntas son respondidas en el silencio. Hablemos sólo cuando sea necesario. Hagamos regularmente un ayuno de la palabra. No digamos nada si no tenemos realmente algo que decir y pensemos lo que vamos a decir antes de hablar. Si hablamos nuestra mente se satura, si escuchamos de verdad nuestra mente tiene que callar. Nuestra mente es ego, nuestro silencio es conciencia. Regalemos nuestra presencia silenciosa a alguien que esté sufriendo y necesite ser reconfortado y escuchado. Recordemos que nuestras palabras pueden hacer avanzar a otro ser humano o dejarlo abatido y entristecido. Cuando utilicemos nuestras palabras que sea para ayudar a los demás a percibir sus cualidades y sus virtudes. Cultivemos la atención. La atención tiene la cualidad del silencio. Dice Krishnamurti que una mente atenta es una mente silenciosa porque la atención está vacía de deseo. Con el tiempo nuestro silencio será nuestra fuerza y dará poder a nuestras palabras. Nos encontraremos en la profundidad del silencio cuando nuestra mente se halle por fin sin moverse hacia el pasado o el futuro, en reposo absoluto. Entonces, empezaremos a vivir a través de la energía de nuestra verdadera naturaleza, que reemplazará a nuestro ego, nuestra personalidad artificial.

Escucha o tu voz te volverá sordo.
PROVERBIO CHINO

La belleza

Se han dado muchos casos de personas
que alcanzaron la iluminación
viendo caer una hoja, pasar la corriente,
quemarse un bosque o apagarse
una lámpara al viento,
sin más.
PIYADASSI THERA,
monje budista (Sri Lanka, 1914-1998)

Ya hemos visto de qué manera tomar conciencia del silencio nos lleva en instantes al estado de presencia. Del mismo modo ocurre cuando tomamos conciencia de la belleza que nos rodea. Estamos rodeados de belleza por todos lados, aunque no todos la percibimos. Un paraje natural al atardecer es de una belleza evidente, otras veces la belleza se puede apreciar en detalles más sutiles que escapan a la mente pensante, pero no al ser consciente.

Lo que propongo en este apartado es que volvamos a conectar con la naturaleza: observemos la belleza natural allá donde estemos, mirando en los ojos de un niño la belleza de su inocencia, observando a un animal, o experimentando la sensación de espacio y libertad que se siente desde lo alto de una montaña. La mayoría de nosotros hemos vivido momentos en los que nos hemos sentido impresionados por la fuerza y la maravilla de la naturaleza. Dar un paseo por un bosque o una playa puede devolvernos a la vida real si prestamos atención a lo que hay alrededor. La naturaleza tiene el poder de sanarnos, reconfortarnos y reconectarnos con nuestra esencia. Hay verdadera magia en ciertos momentos del día: un amanecer en la playa, dormir en la montaña observando el cielo estrellado, bañarse en un río o en un lago. El silencio y la belleza de la naturaleza son conexiones directas con el momento presente, nos llevan a un estado de conciencia en el cual nuestra soledad se desvanece al darnos cuenta de que somos parte del universo. Estar absortos en nuestras cavilaciones permite que la belleza se nos escape. Un destello de belleza puede ser un momento mágico que nos provoque una desconexión mental. Imaginemos, por ejemplo, que estamos inmersos en el silencio de una montaña nevada rodeados solamente por el blanco manto de la nieve y por el cielo azul. Quizás por un momento esa magia tenga más fuerza que nuestra mente y al observar el entorno salgamos de ella por instantes, provocando en nosotros un fugaz segundo de conciencia que marque la diferencia en ese día. Un profundo momento de conciencia nos puede llevar incluso a replantearnos toda nuestra vida.

En el viaje que hemos emprendido para volver a conectarnos con nuestra esencia interior, la naturaleza puede ser una gran maestra de lecciones vitales. Nuestra propia naturaleza es un reflejo del mundo natural que nos rodea. Los ciclos naturales, el día y la noche, las estaciones, las mareas, nuestros instintos y sensaciones son un reflejo de ese mundo natural al que pertenecemos. La naturaleza nos da la clave para acceder al espíritu, al contemplarla en su inmensidad nos volvemos conscientes de nuestra mortalidad, de que formamos parte de algo grande, eterno y sagrado. Todo lo que nuestro espíritu tiene que aprender puede hacerlo observándola a ella: el misterio de la vida, la belleza, la fugacidad de la existencia, el poder devastador de los elementos naturales, la originalidad de cada una de sus creaciones, su sencillez y su complejidad. La naturaleza es el origen de la vida espiritual; si la destruimos, destruimos nuestra alma. Eckhart Tolle afirma que en el mundo natural las plantas y los animales están en paz porque no viven a través de dos energías diferentes como nosotros: el ego o imagen mental falsa de lo que somos y nuestro verdadero ser. Vivir solamente a través del razonamiento de nuestra mente es lo que nos quita la paz. Los animales viven a través de su instinto, no necesitan razonar para saber lo que tienen que hacer en cada momento. Tenemos que dejar nuestros pensamientos a un lado y hacer espacio para la vida real. Podemos empezar a vivir hoy mismo. La naturaleza nos enseña el camino de regreso a casa.

La aceptación de las cosas como son

> *La felicidad es una forma*
> *de estar en la vida. No intentemos rebatir*
> *cómo es la vida. La vida es como es.*
> *No se puede remediar.*
> *Puede incluso tener su gracia*
> *adaptarse a las cosas como son.*
> Lama Dorje Dondrub (España, 1966).
> Conferencia Granollers, Noviembre, 2008

Es de una gran sabiduría no oponerse al flujo de las cosas. Si algo ya ha ocurrido, resistirse sólo es dolor inútil. A veces el dolor de la vida es inevitable, porque somos seres sensibles con un corazón. Pero es aceptar una situación, aunque nos provoque dolor, lo que nos permite estar en paz con la vida. No tiene por qué gustarnos lo que nos pasó o nos está pasando, sólo lo aceptamos como algo ineludible e intentamos, a pesar del dolor, seguir en contacto con el Mundo Real, con la vida.

Pero esto es más fácil decirlo que lograrlo. Llegar a aceptar unos hechos que nos disgustan es un proceso que requiere atravesar nuestras resistencias mentales. La mente siempre busca excusas para negar la evidencia. Muchas personas viven en la negación porque no se atreven a encararse a la muchas veces cruda realidad. Yo misma, mientras escribía este libro, he tenido que pasar por varios procesos vitales en los cuales la vida me ponía a prueba para aceptar realidades que me causaban dolor. Y, a pesar de repetirme a mí misma que lo único que necesitaba era aceptar lo ocurrido, la aceptación se me resistía y no conseguía estar en paz. En el fondo, seguía intentando cambiar las cosas, cuando en realidad no tenía poder de influir en cierta situación en ese momento.

En *El poder del ahora*, Eckhart Tolle dice que rendirse es la clave de la paz interior. Nuestra paz mental comienza en el momento en que dejamos de resistirnos internamente a cualquier cosa que nos suceda y la aceptamos. Al adoptar esta actitud cualquier situación en la que nos encontramos cambia. No oponer resistencia a una situación es simplemente vivirla, dejar de luchar. El maestro hindú Osho también nos insta a hacernos uno con nuestro dolor físico o mental, a fluir a su ritmo sin tratar de separarnos de él. Nuestra lucha contra el dolor es lo que lo perpetúa, mientras luchemos contra él no marchará. No tiene sentido rebelarse contra el propio destino, las cosas son como son por mucho que nos gustaría que fuesen de otro modo. Si algo es un hecho, luchar contra la evidencia es banal y convierte nuestra vida en una agonía. En realidad, seguimos «enganchados» a nuestro dolor porque nuestro ego está muy interesado en que sigamos en ese lugar de dolor. Para conseguir salir de nuestras resistencias debemos literalmente abandonar el ego, es decir, los pensamientos y permanecer conscientes de lo que sentimos, sin querer sentirnos de forma diferente.

Nos rendimos a lo que es cuando dejamos fluir la ira, la frustración o la desesperación. Si fluimos con lo que hay, sentiremos que una energía que está más allá de la mente nos sostiene y nos guía.

La vida nos ofrece cada día infinitas posibilidades para practicar la aceptación de las cosas como son. Podemos utilizar esas ocasiones para hacernos más conscientes y más fuertes espiritualmente. Las relaciones personales son un escenario perfecto para practicar, pues es donde más se manifiesta nuestra resistencia a aceptar a las personas y nuestras relaciones con ellas como son. Cuando nos encontremos con el comportamiento inconsciente de alguien, podemos intentar no reaccionar de forma negativa, aunque digamos con claridad a esa persona lo que pensamos. No pretendamos que esa persona sea o actúe de forma diferente, eso está fuera de nuestro alcance. Las personas seguirán siendo como son, envidiosas o egoístas, pero nosotros podemos ser conscientes de que no está en nuestro poder que cambien. Lo cual no quiere decir aceptar el maltrato o el abuso.

Aceptar las cosas como son es permanecer con la vivencia, sea la que sea. Ante una situación difícil, podemos hacer algo para cambiarla o bien retirarnos aceptando las cosas como son. Si, por ejemplo, nuestra pareja nos ofende en algún modo, para llegar a nuestra paz tenemos que aceptarla como es o dejarla. No debemos reaccionar a su inconsciencia, ni juzgarla. Podemos expresar lo que sentimos, pero no culparla. Escucharla, dándole espacio para expresarse, pero sin ponernos a la defensiva. Y si finalmente su comportamiento no nos convence, entonces la última opción es dejarla.

Imaginemos que estamos en medio de una discusión, lo normal es resistirnos a los puntos de vista de los demás, reaccionando con enfado o con angustia interior a lo que se dice. Sin embargo, podemos dar nuestro punto de vista con firmeza sin tener que resistirnos a lo que se está diciendo. Si nos sentimos ligeros y en profunda paz sabremos que estamos aceptando una situación o punto de vista, lo cual no quiere decir estar de acuerdo.

Aceptar los hechos de la vida no es fácil pues el dolor nos hace sentir el impulso de escapar. Pero si queremos llegar a la paz que nos da la aceptación, escapar del dolor no es una opción. La única forma de superarlo es prestándole plena atención. Taparlo con adicciones solamente pospone el momento de enfrentarnos a él. Cuando nuestra «droga» pierda el efecto, el sufrimiento volverá aún con más intensidad.

Pongamos la atención en lo que sentimos: rindámonos al dolor, a la soledad, al miedo, a la desesperación, permitámoslo y sintámoslo en lo más profundo de nuestro ser, abracemos ese sentimiento y, en palabras de Tolle: «Observa cómo el milagro de la rendición transmuta ese sufrimiento profundo en paz profunda». Luego dejémoslo marchar. La rendición es solamente eso, permitirnos sentir, sin juicios, sin rechazos. En palabras de Tolle: «Plena atención es plena aceptación».

Aclaremos que aceptar no quiere decir no intentar cambiar las cosas que sí está en nuestras manos cambiar. Podemos emprender acciones que no sean una huida del dolor, sino un ponerse en marcha para encontrar soluciones creativas a la situación en la que nos encontramos.

No importa qué fue lo que te ocurrió, simplemente no te niegues a estar donde estás. Si te preguntas «¿por qué me pasa esto a mí?», aún no estás permitiendo que las cosas sean como son. Mejor pregúntate «¿para qué?». Escoge cualquier momento del día para practicar la no-resistencia mental a lo que sucede. Si, por el motivo que sea, no te sientes bien en tu piel, pregúntate a qué te estás resistiendo interiormente. De esta forma estarás creando un espacio en ti para que el dolor pueda realizar la alquimia de transformarse en paz.

La escucha consciente

> *Si los hombres han nacido con dos ojos,*
> *dos orejas y una sola lengua es porque se debe escuchar y*
> *mirar dos veces antes de hablar.*
> MARQUESA DE SÉVIGNÉ,
> escritora francesa (1626-1696)

> *Para saber hablar es preciso saber escuchar.*
> PLUTARCO,
> ensayista griego (46-125 a. C)

Escuchar es una fuerza muy poderosa en las relaciones humanas. El hecho de vivir en nuestro propio mundo de inconsciencia nos impide que nos escuchemos unos a otros. Esto crea múltiples conflictos en las relaciones y no nos deja entendernos.

Necesitamos salir de nosotros mismos y sumergirnos en la experiencia del otro para poder escuchar de verdad. Escuchar mejora nuestras relaciones, ya que la persona escuchada siente que está en contacto con los demás al sentirse aceptada y valorada. Por el contrario, la persona que no es escuchada, se siente ignorada, aislada y no querida.

La escucha consciente nos sirve como práctica en nuestro camino hacia una vida más despierta y feliz ya que cuando escuchamos conscientemente dejamos de estar absortos en nuestra propia persona.

Las semillas de la escucha se siembran en la infancia, en la calidad de la relación entre padres e hijos. Los niños que son escuchados se sienten dignos y apreciados. Ser escuchado ayuda a construir un yo fuerte y seguro, el niño crece íntegro y aprende a respetarse a sí mismo. La calidad de la escucha formará el carácter del niño. No ser comprendido ni tomado en serio como una persona con derechos propios durante la niñez o la adolescencia constituye la raíz de la soledad y la inseguridad. Un oyente comprensivo satisface nuestra necesidad de atención y de valoración.

Aprendamos a ser buenos oyentes

Un buen oyente nos aprecia tal como somos, acepta las ideas y sentimientos que expresamos tal como son. Cuando estamos con alguien que sabe escuchar, que muestra interés y responde con sensibilidad, nos abrimos y nos sentimos reconfortados. Sin embargo, si estamos con alguien que no sabe escuchar nos cerramos. Ser escuchado es tan vital como tener amor o trabajo para tener ilusión por vivir. Por otra parte, el hecho de dar importancia a los demás nos convierte en personas más abiertas.

El requisito imprescindible para escuchar es interesarse genuinamente por el hablante y por lo que tiene que decirnos, para lo que necesitamos posponer nuestros propios intereses. No podemos estar escuchando y a la vez intentar controlar, instruir o reformar a la otra persona como hacen algunos padres y profesores. Para escuchar tenemos que abrirnos de verdad al punto de vista de la otra persona y dejar de lado el control y la instrucción para más tarde; no podemos estar pensando en lo que diremos a continuación. Tenemos que suprimir nuestro impulso de hablar para mostrarnos en desacuerdo, para aconsejar o para hablar de nuestra propia experiencia. Al menos durante algún tiempo, escuchar es una relación unilateral.

Por otra parte, si la persona a la que escuchamos empieza a llorar, dejémosla llorar. El llanto no es dolor, sino una forma de liberarnos de éste. Dejemos que exprese su dolor y se libere, únicamente acompañémosla en silencio. Si alguien está enfadado no debemos negarle su derecho al enfado. Simplemente escuchémosle.

A veces a los niños les cuesta explicarnos sus cosas y suelen responder «nada» cuando les preguntamos qué han hecho en el colegio. Para que realmente quieran explicarnos algo tenemos que mostrarnos verdaderamente interesados. No debemos interrogarles ansiosamente, sino prepararnos para escucharles respetando su derecho a responder como quieran, así demostramos interés en ellos y respeto por sus sentimientos. Si el niño percibe que sus padres se interesan en saber lo que quiere decir, se abrirá cuando esté preparado para ello.

Lo que no hace el buen oyente

- Lo que el buen oyente no hace es interrumpir a alguien para explicar una historia similar. Eso es algo muy común, que refleja que no sabemos escuchar. Tenemos que dar al hablante el tiempo necesario para decir lo que tiene en mente e interesarnos lo bastante para seguir y reconocer su experiencia.
- Responder con agitación exagerada a lo que otro dice resulta muy vacío y demuestra un pobre interés por el hablante.
- Dar un consejo no solicitado resulta también enojoso. Decirle a una persona lo que tiene que hacer para solucionar su problema refleja la incapacidad del oyente de

tolerar su propia ansiedad. Además, a todo el mundo le gusta tomar sus propias decisiones según su propio criterio, sin que sea otro quien le dicte lo que tiene que hacer.

- La persona bromista que siempre interrumpe nuestra conversación con sus gracias puede resultar insensible y exasperante. El bromista alivia su ansiedad con sus bromas y reclama la atención para sí mismo.
- Decir a alguien «no te sientas así» es como decirle que no nos moleste con sus problemas. La persona se sentirá rechazada, si le decimos que no tiene motivos para estar enfadada o asustada. Nuestra intención puede ser generosa, pero el efecto es que no se sentirá escuchada ni acompañada en absoluto.

Para decirlo de forma breve, lo que hace el buen oyente es escuchar en silencio y animar al hablante a profundizar en su experiencia.

Cuando escuchemos, dejemos nuestro ego a un lado (el yo reactivo emocional)

El mensaje del hablante puede reactivar nuestro dolor, enfado o miedo y hacernos poner a la defensiva bloqueando nuestra compresión. Ésta es la forma en que la más simple conversación se transforma en discusión. La escucha es muchas veces más difícil cuanto más cercana es la relación, ya que es más fácil que se nos diga algo que nos resulte doloroso, amenazante o que nos enfurezca. Esto se debe a que nuestra necesidad hacia ellos les dota del poder de alterarnos o complacernos. Hemos de saber que si caemos en la reactividad y nos defendemos nos debilitamos y, por otro lado, si no reaccionamos airadamente nos fortalecemos y transformamos la relación. Permanecer abiertos y tranquilos es la parte más difícil de la escucha, pero la más fructífera.

Aprender a escuchar es no sucumbir al impulso de reaccionar emocionalmente. Cuando nos critican sentimos una gran necesidad de responder con más crítica, pero no debemos hacerlo; es ahí donde hemos de estar alertas. En ese momento imaginemos que están hablando de otra persona, eso nos ayudará a resistir el impulso de responder con la misma moneda. Cuando sintamos la ansiedad del ego por salirse de sus casillas, resistamos concentrándonos aún más en la escucha. Si vemos que nos ponemos a la defensiva, comprendamos que ése es nuestro ego luchando por ser alguien. Podemos desenmascararlo si dejamos de reaccionar emocionalmente.

No intentemos cambiar a las personas porque seguirán siendo quienes son. Si los dejamos ser como son sin reaccionar exageradamente cuando hacen lo que siempre han hecho hallaremos la paz. Todo lo que tenemos que hacer es escuchar sin reaccionar. En una relación rota o deteriorada por una mala comunicación tenemos que empezar por ver el punto de vista de la otra persona. Tenemos que llegar a ver o sentir lo que esa persona está sintiendo e invitarla a explayarse ampliamente. La otra persona se abrirá a nosotros cuando seamos capaces de admitir su postura, ponernos en su lugar y sentir lo que ella está sintiendo.

Cuando nos encontremos agobiados dentro de una relación y pensemos que ya hemos hecho y dicho todo lo posible y nada cambia, pensemos que aún podemos hacer algo: cambiar nuestra manera de reaccionar hacia la otra persona. La mejor manera de empezar es escuchando. Escuchar plenamente significa tenerse mutuamente en consideración. No cambiamos las relaciones intentando controlar el comportamiento de las otras personas sino cambiándonos a nosotros mismos en relación con ellas.

Cómo escuchar de forma efectiva (ejercicio práctico)

- El proceso comienza sintonizando con la otra persona, prestando atención a lo que quiere decir. Miremos al hablante y concentrémonos en lo que está intentando comunicarnos; imaginémonos dentro de su experiencia.
- Hagamos un esfuerzo por apartar cualquier cosa que tengamos en la cabeza, durante el tiempo suficiente para concentrarnos en escuchar lo que la otra persona tiene que decir hasta el final. Luego hagámosle saber lo que creamos que ha dicho. Nuestra atención silenciosa nos permite comprender, y a la otra persona sentirse comprendida.
- Si empezamos a sentirnos impacientes o a ponernos a la defensiva mientras nos hablan, es importante que contengamos el impulso de responder hasta que hayamos acabado de escuchar. Aunque sepamos lo que otro va a decir, eso no significa que no necesite decirlo.
- Podemos practicar esto cada vez que nuestra pareja, un miembro de la familia, un amigo o un compañero de trabajo nos hablen; hagámoslo con la única intención de comprender lo que el otro está intentando expresar.

Cada persona vive en su mundo irreal de sueños, proyectos, angustias, quejas y esperanzas. Cada vez que demuestras buena voluntad para abrirte a ese mundo interior de los demás con un mínimo de crítica, sin impaciencia y sin ponerte a la defensiva, estás ofreciendo comprensión, ganándote el derecho a ser correspondido y estás avanzando en el camino hacia la mente silenciosa, la única capaz de ver en tu interior y descubrir que es más allá del parloteo continuo de donde brota tu sensación de gozo.

Lo que en definitiva te he propuesto en este apartado es que hagas de la escucha consciente un hábito diario, es decir, dedicarle esfuerzo y práctica cada día, ya que existen innumerables ocasiones para hacerlo. Escuchar conscientemente es una destreza que, como cualquier otra, debemos practicar y mejorar. Si estamos alerta cuando alguien necesite ser escuchado, además de ayudarle a él, nosotros entramos en un estado de presencia consciente y salimos de nuestro ego controlador. Para escuchar tenemos que dejar de controlar.

Todos necesitamos comunicar lo que sucede en nuestro mundo mental irreal, ya que ahí vivimos aislados del resto del mundo. Escuchar conscientemente es un regalo que nos hacemos a nosotros y a los demás.

Las crisis

> *Es mejor encender una luz que maldecir la oscuridad.*
> PROVERBIO ÁRABE

Cuando nos encontremos sumidos en medio de una crisis tenemos dos opciones: quedarnos paralizados ante el temor y las dudas o seguir moviéndonos hasta encontrar la solución a nuestros problemas. En este apartado te propongo que cada vez que tu mente te paralice por el miedo o por la confusión, no dudes en seguir adelante a pesar de todo. Sigue caminando. Paso a paso podrás salir de las tinieblas. Si te quedas paralizado, la crisis podría convertirse en una depresión que vuelva tu vida un suplicio. Si conseguimos doblarnos en lugar de rompernos, las crisis son nuestra oportunidad para crecer. Hay que extraer la enseñanza que siempre se nos ofrece y seguir avanzando hacia la luz. Mira tus problemas cara a cara, toma decisiones sensatas basadas en la escucha atenta a tu voz interior. Pero no te quedes paralizado.

Si no tuviésemos crisis nos quedaríamos estancados en nuestro crecimiento. Las crisis nos resultan odiosas porque nos sacan de nuestra seguridad y comodidad y nos sumen en la incertidumbre y en el sufrimiento. Pero sin ellas no nos veríamos abocados a hacer ciertos cambios que son necesarios para que podamos desarrollar todo nuestro potencial. No podemos seguir viviendo con la ingenua visión de que todo siempre irá bien, madurar significa empezar a creernos de verdad que vivir implica ir atravesando cambios y crisis. Nuestros miedos nos hacen aferrarnos fuertemente a lo conocido y resistirnos a vivir desde nuevos escenarios vitales. Pero las crisis nos obligan al cambio para poder mudar nuestra piel, dejar atrás viejos comportamientos y abrazar nuevas formas de ser. Las crisis nos obligan a que miremos el mundo de forma distinta para poder volver a encontrarle el sentido a las cosas, y esta nueva mirada es la que propicia nuestra transformación interior.

Atravesar una crisis puede suponer pasar un martirio, pero mediante la comprensión de nuestro dolor podemos conectar con los otros seres que sufren, y sentir el deseo de ayudarles. Eso dará sentido al dolor por el cual hemos atravesado ya que habremos conseguido sacar lo mejor de nosotros, nuestra compasión, y eso se traduce de inmediato en satisfacción profunda.

En las crisis tocamos fondo antes de resurgir de nuestras cenizas. Cuando estés sumido en una «noche oscura del alma» no caigas en la desesperación, intenta encontrar la calma y no olvides que todo tiene el propósito de hacerte ir más allá de lo que creías que eran tus límites.

Utiliza tu creatividad para salir de la situación. Como afirma el escritor y conferenciante Álex Rovira, la crisis será lo que hagamos de ella, es nuestra actitud la que puede convertirla en una «buena crisis». El siguiente cuento, recopilado por el terapeuta y escritor Bill O'Hanlon en su libro *Crecer a partir de las crisis,* es interesante porque nos sirve para ilustrar lo que sería una persona en medio de una crisis, y los pasos a seguir para salir de ella.

Ceremonia de la sala de los mil demonios

Durante una ceremonia de iluminación que tuvo lugar en el antiguo Tíbet, los maestros reunieron a sus discípulos y les anunciaron que se iba a celebrar una ceremonia extraordinaria en la que se les brindaría la oportunidad de iluminarse inmediatamente. En la tradición tibetana, uno de los requisitos para la iluminación es haber vivido varias vidas y sacado el máximo provecho de cada reencarnación; es así cómo gradualmente se alcanza dicha iluminación. Esta ceremonia, sin embargo, ofrecía la posibilidad de una iluminación inmediata, en la vida presente. El acontecimiento recibió el nombre de Ceremonia de la sala de los mil demonios.

Cada discípulo se dirigía a su propia sala, que debía atravesar para salir por otra puerta, ya iluminado. Puede que parezca una prueba con pocas complicaciones, pero en la sala había mil demonios encargados de materializar los temores más profundos de esos jóvenes. Tan pronto entraban en la sala, la puerta se cerraba y el único modo de salir era por la puerta situada en el otro extremo.

Muchos no llegaban a alcanzar esa otra puerta: se quedaban atrapados, paralizados por el miedo y vivían torturados hasta el fin de sus días. A los pocos que lograban salir se les iluminaba, ya que la esencia de la iluminación consistía en enfrentarse a los temores más profundos de uno mismo y seguir adelante.

Cada vez que pienses que los problemas te superan, recuerda que la salida está al otro lado y que tienes que seguir caminando para llegar allí. Camina directo hacia tus demonios y míralos de frente hasta que desparezcan: soledad, pena, angustia, incertidumbre… Si te enfrentas al dolor el tiempo suficiente sin sucumbir a él, lo habrás vencido. Avanza hacia el miedo, pues es una prueba para despertar tu corazón dormido. Déjale espacio en ti para que se manifieste. Permanece con el corazón roto, no evites sentirte indefenso, rechazado o decepcionado. Lo importante es que no te dejes llevar por el pánico. No huyas despavorido de la situación que te atormenta, porque te está sirviendo de maestro. Nuestro impulso es encontrar una vía de escape para mitigar el dolor, pero ir hacia adelante no es luchar contra el dolor, sino quedarnos en él. En el mundo interior la victoria es para el que no lucha, para el que se suelta y se entrega al dolor. Avanza hacia lo desconocido, sigue moviéndote hacia las cosas que te atemorizan; si lo haces, como por arte de magia, te encontrarás al otro lado, como si hubieras atravesado un fantasma. Sé valiente y deja que el miedo atraviese tu corazón y te abra a la bondad. Simplemente mira lo que está pasando y encontrarás la puerta de salida hacia el final de tu crisis.

Podemos estar despiertos aunque haya confusión y dolor. No debemos lamentarnos, ni juzgarnos, sino sentir amor y ternura por nosotros mismos, pues nos ha tocado atravesar ese árido paisaje del miedo y lo estamos haciendo muy bien. El guerrero espiritual sigue avanzando hacia lo que teme y se enfrenta a ello. Podríamos pasarnos toda la vida huyendo de las incomodidades del mundo dual, pero eso no cambiaría que las cosas sigan siendo como son, siempre alternando el dolor con la alegría, lo bueno con lo malo... Tenemos que ser ecuánimes, ver lo relativo de cada situación y no escoger ni rechazar. Relajémonos siendo quienes somos y estando donde estamos. No debemos buscar refugio ni seguridad más que en nuestra propia calma y serenidad para quedarnos y no huir. No sucumbamos a la adicción. El dolor es parte de la vida y está ahí para enseñarnos algo que quizás no nos sería evidente de otra manera. Avanzar hacia la salida es no aferrarnos a las cosas que nos gustan, ni tratar de evitar las que no nos gustan. Mantenernos ecuánimes ante todas es seguir hacia la puerta de salida, hacia la iluminación.

La vida como un sueño

¿Qué es la vida? Un frenesí. ¿Qué es la vida?
Una ilusión, una sombra, una ficción;
y el mayor bien es pequeño;
que toda la vida es sueño, y los sueños, sueños son.
CALDERÓN DE LA BARCA,
poeta y dramaturgo español (1600-1681)

¿Cómo nos sentiríamos hoy si al levantarnos supiésemos que lo que vamos a vivir es un sueño? Si nos fuese permitido vivir un sueño siendo conscientes de que lo es, ¿cómo viviríamos ese sueño? ¿Cuál sería nuestra actitud? ¿Haríamos alguna locura? ¿Nos importaría lo que los demás pensasen de nosotros si al despertar nadie se acordase porque sólo ha sido un sueño? Pues así es la vida en realidad, y así deberíamos vivirla. Estamos dentro de un sueño que nosotros mismos hemos creado, consciente o inconscientemente, y despertaremos de él cuando nuestra conciencia pase a otro estado a través de la experiencia de la iluminación o de la muerte física.

Pensemos por un momento cuánto más disfrutaríamos de la vida si no nos importase lo que pensasen de nosotros, si no tuviésemos que luchar por ser alguien en el mundo. Nuestra lucha por aparecer de una determinada manera ante los ojos de los otros se lleva gran parte de nuestra energía vital. ¿Y todo eso para qué? Una vez que todo haya acabado, ¿quién se acordará de nosotros al cabo de 100 años? Y aunque así fuera, ¿no es un precio muy elevado el pagar con nuestra felicidad sólo para «ser alguien»? Generalmente lo que nos mueve en la vida es el deseo de ser correcto, de seguir las normas, de que no hablen mal de nosotros. Todo eso es en realidad una búsqueda de amor, queremos que nos quieran a toda costa, pero si somos capaces de querernos a nosotros mismos no necesitaremos tanto el reconocimiento de los demás, podremos relajarnos y disfrutar más de la vida.

Comprender la realidad es la forma de llegar a nuestra liberación. Si miramos a nuestro alrededor veremos que nada existe de forma aislada; cualquier cosa o persona dependen de otras cosas o personas para llegar a existir. Por ejemplo, la flor necesita la semilla, el agua, el sol, el abono, el aire... Cuando todas esas causas se dan juntas tenemos una flor ante nosotros. Ésta es la realidad de todos los fenómenos: parecen tener una existencia muy sólida y real, pero son insustanciales, todo depende de un número infinito de causas y condiciones. Nuestra verdadera liberación llega cuando la mente deja de aferrarse a las apariencias. La realidad es un fenómeno interdependiente que cambia todo el tiempo. No existe como tal, lo que nosotros vemos blanco otra persona lo ve azul y otra verde, y otra rojo. Ciertas condiciones hacen que veamos y percibamos las cosas de una manera y no de otra. La realidad no es más que una fantasía, una alucinación, ya que cuando uno de los factores desaparece, todo el conjunto desaparece. Por ejemplo, el arco iris existe cuando el sol y la lluvia ocurren juntos, pero si uno de los dos fenómenos desparece el arco iris deja de existir. Tenemos que entender la realidad desde dentro de nuestro ser, observando y sintiendo que es así. La comprensión nunca nos llegará a través del intelecto.

Buda, en uno de sus sermones, explicó una historia que ha recopilado Yongey Mingyur Rinpoche en *La alegría de la vida* y que ilustra a la perfección cómo la vida tiene esta cualidad de sueño:

Un joven se acercó a un gran maestro en busca de una enseñanza profunda. El maestro accedió, pero le sugirió que primero se tomara una taza de té. «Después de que lo hayas hecho, te daré la enseñanza que buscas», le dijo.

El maestro le sirvió al joven la taza de té, y cuando éste se la llevó a la boca, la taza de té se transformó en un extenso lago rodeado de montañas. Mientras el joven admiraba la belleza del panorama, una muchacha apareció a sus espaldas y se acercó al lago a recoger agua. Para él fue un amor a primera vista y ella también se prendó de él cuando lo vio frente al lago. El joven la siguió de vuelta a casa, donde ella vivía con sus ancianos padres. Con el tiempo los padres le tomaron cariño al muchacho, y él a ellos, y finalmente se acordó que los dos jóvenes se casaran.

Al cabo de tres años, la pareja tuvo un hijo, y unos años después, una hija. Los chicos crecieron fuertes y felices, hasta que un día, cuando tenía catorce años, el hijo enfermó. Ninguno de los medicamentos que le administraron le curó la enfermedad y en menos de un año murió.

No mucho después, la joven hija de la pareja fue a recoger leña al bosque, y mientras hacía su trabajo, murió atacada por un tigre. Incapaz de superar el dolor por la pérdida de sus dos hijos, la esposa decidió ahogarse en el lago. Fuera de sí por la muerte de su hija y de sus nietos, los padres de la esposa se dejaron morir de hambre. Ante la pérdida de su esposa, sus hijos y sus suegros, el marido comenzó a pensar que también debía morir. Caminó hacia el borde del lago, decidido a ahogarse. Sin embargo, cuando estaba a punto de saltar al agua, de repente se halló de nuevo en la casa del maestro, con la taza de té en la mano. Aunque había vivido toda una vida, apenas había pasado un instante; la taza todavía estaba tibia en su mano y el té estaba caliente. Miró a través de la mesa al maestro, quien asintió, y dijo: «Ya lo ves. Todos los fenómenos vienen de la mente, la cual es el vacío. No existen de verdad más que en la mente, pero no son la nada. He aquí tu enseñanza profunda».

Gracias a la meditación y la observación podemos llegar a sentir que el mundo en que vivimos es como una burbuja de aire: aparece de la nada y desaparece de igual forma. A pesar de todo vivimos la vida partiendo de la premisa de que habitamos en un mundo concreto lleno de seres con una identidad concreta. Pero todo lo que existe en el mundo es nuestra propia invención, no es ni totalmente bueno ni totalmente malo. El infierno no existe de forma independiente, es la mente negativa quien lo crea, así como el cielo también lo crea la mente virtuosa. No todos los fenómenos que existen son reales para nosotros, nuestra conciencia sólo conecta con algunos que se vuelven nuestra realidad, y que hace que las cosas aparezcan como buenas o malas. Vemos las cosas como si fuesen reales cuando, de hecho, son idénticas a los sueños.

Después de que algo ha pasado, ¿cómo funciona el recuerdo? ¿No es el recuerdo de una experiencia vivida el mismo que tenemos de lo que soñamos por la noche? ¿Qué diferencia hay? Recuerdo una vez hace bastantes años que estaba en el cine y una señora no dejaba de increpar a los intérpretes de la película para que hiciesen esto o aquello; la escena es bastante ridícula, ¿no? Pues del mismo modo es ridículo que cada situación que nos toca vivir nos haga sufrir tanto. Es como si nosotros fuésemos constantemente esa mujer del cine que increpaba a los actores. Si fuésemos capaces de ver que lo que hoy nos parece tan real mañana lo recordaremos ya sólo vagamente, podríamos vivir sin sufrir tan intensamente por todo. Buda llamaba a esto «la vacuidad del mundo fenoménico». Cuando podemos ver que nada existe de forma independiente, estamos experimentando la vacuidad. Cuando la mente no se cree tanto lo que ve, deja de aferrarse a la realidad de lo que aparece ante ella y se alivia su sufrimiento. La mujer del cine no podía cambiar lo que hiciesen los actores por mucho que los increpase. Del mismo modo, nosotros no podemos controlar todo lo que pasa en nuestra vida. Las semillas que un día plantamos dieron lugar a esta realidad que ahora se manifiesta y es inevitable que aparezca ante nosotros. Pero es cuestión de tiempo que las cosas cambien a nuestro favor. Del mismo modo, cuando estemos viviendo experiencias que nos gustan también tenemos que discernir que su naturaleza es cambiar o acabar y eso también tendremos que aceptarlo.

Es cierto que a veces sí que podemos hacer algo para cambiar una situación desfavorable, por eso necesitamos sabiduría para percibir cuándo podemos hacer algo para cambiar y cuándo simplemente tenemos que aceptar las cosas como son. Vivir con la conciencia de que la vida es como un sueño nos ayuda a quitarle importancia a los hechos que nos ocurren. La preocupación los engrandece. Si apreciamos la naturaleza cambiante de la realidad, las experiencias pierden solidez y acaban difuminándose y perdiendo la capacidad de alterar nuestra calma.

La vida es sueño y como tal pasará. La única realidad es nuestra conciencia que vive el sueño. Sólo somos el testigo del sueño que sueña nuestra mente. Hagamos la práctica de ver la vida como si fuese un sueño cada día de nuestra vida y eso nos aportará distancia, conciencia y comprensión.

Deshacernos del apego

> *En presencia de la eternidad,*
> *las montañas son tan fugaces como las nubes.*
> ROBERT GREEN INGERSOLL,
> escritor (EE.UU., 1833-1899)

Nuestra mente tiene una tendencia a apegarse a las cosas que vive y que ve, porque las ve como sólidas e inmutables. Ver la auténtica realidad nos capacita para darnos cuenta del absurdo de aferrarnos. El apego es la verdadera causa de nuestra infelicidad. Apegarse a objetos o personas que creemos necesitar es una fuente de sufrimiento. Cuando nuestra relación con algo o con alguien es de apego siempre sufrimos: sufrimos si no lo tenemos porque ansiamos tenerlo, y sufrimos si lo tenemos porque tememos perderlo. De manera que desde la perspectiva mental del apego todas las experiencias se transforman en sufrimiento. Por el contrario, la mente que no se aferra es libre y feliz.

Recuerdo cuando mi hijo era pequeño, no tendría más de dos o tres añitos, e íbamos a la feria local. Allí tuve una imagen y una comprensión muy visual de lo que es el apego y el sufrimiento que causa. Era impresionante y angustiante ver lo cabezota que era. Cuando llegábamos a un carrusel nunca quería marcharse. Era demasiado pequeño para comprender que habían muchos más puestos de caballitos en la feria y, debido a su ignorancia, luchaba con todas sus fuerzas para quedarse allí. Gritaba y pataleaba enfurecido y rojo de cólera hasta dejarnos a mí y a su padre extenuados. Al final teníamos que sacarlo de allí literalmente a rastras. Cuando llegábamos al siguiente puesto de caballitos se volvía de nuevo loco de alegría y, al tener que marcharse, vuelta a empezar. Era el apego personificado. Así, lo que podría haber sido una tarde agradable en una feria, se convertía en un suplicio del cual no veíamos el momento de escapar. Acabábamos volviendo a casa agotados, enfadados y jurando que no volveríamos más a una feria porque lo único que obteníamos de ir allí era sufrimiento.

El apego es miedo a la pérdida, a no poder vivir sin algo o sin alguien. Nuestra mente temerosa se aferra a todo: en primer lugar nos aferramos a nuestra propia identidad, a nuestra posición social y prestigio; a nuestros hijos, parejas, amigos, familiares; a nuestras metas, proyectos, anhelos; a nuestras creencias, actitudes, prejuicios… Todo puede convertirse en objeto de nuestro apego. Esto no quiere decir que no podamos disfrutar de todas estas cosas, pero hemos de poder disfrutar libremente de todo comprendiendo que por su propia naturaleza todo cambiará y debemos estar preparados para ello.

Tenemos miedo porque sentimos que solos no somos suficientes, que no podemos valernos por nosotros mismos. Cuando somos incapaces de ver nuestro valor necesitamos que alguien nos lo muestre. Es el sentirnos valiosos lo que hace desaparecer el miedo y la ansiedad y nos permite disfrutar realmente de las cosas.

Si nos apegamos a algo esto nos impide literalmente movernos para dar el siguiente paso. La mente apegada tiende a atribuir un valor desmesurado a las bondades del objeto o persona al que se aferra. Si pensamos que no podemos vivir sin algo o alguien estamos dejándonos llevar por una mente de apego. Si deseamos algo tanto que nos obsesiona y que ofusca nuestro juicio y nuestra visión, tenemos apego. Por ejemplo, es apego sentir avidez por el dinero, el éxito, o el poder, o estar obsesionado con una relación o con otro ser humano olvidándonos de nosotros mismos. Solemos tener apego a lo que los budistas llaman los ocho vientos del mundo: placer, ganancia, alabanza, fama y sus contrarios: dolor, pérdida, culpa y vergüenza. En realidad sentimos rechazo hacia los contrarios, pero el rechazo y el apego son la misma cosa ya que ambos nos apartan de nuestro centro de calma. Si algo nos gusta nos dejamos arrastrar por una intensa alegría, y si nos disgusta luchamos para eliminarlo de nuestra vida. Ambas cosas perturban nuestra paz y nos sacan de nuestro centro. Tanto con apego como con rechazo deseamos que las cosas sean diferentes a lo que son, y la paz sólo es posible cuando aceptamos lo que hay en cada momento.

Según señala Juan Manzanera en su libro *El hallazgo de la serenidad* la mitología tibetana representa al apego como un dios que dispara cinco flechas a las criaturas necias e ignorantes. La primera nos hace ver el objeto como bello y atractivo, y nos conduce a creer que nos hará feliz. Con la segunda, sentimos el deseo de adquirirlo y de tenerlo cerca. La tercera nos confunde, nos deja aturdidos y espesos, y nos hace ver una belleza incomparable y única en el objeto. El cuarto disparo nos debilita, perdemos toda la fuerza para pensar en otra cosa y empieza una obsesión irreversible. Finalmente la quinta flecha simboliza la muerte, no tenemos vida propia y conseguir el objeto deseado es lo único que nos mueve.

El apego nos quita literalmente nuestra libertad, pues si estamos apegados ya no somos libres. Con una actitud de apego olvidamos que lo verdaderamente importante es tener paz mental y nos dedicamos a perseguir imposibles. Esta metáfora de las cinco flechas nos indica el grado de apego que podemos tener respecto a algo o alguien y la infelicidad que esto nos genera. Deseo, confusión, obsesión o muerte. ¿Dónde nos encontramos nosotros respecto a nuestro objeto de deseo?

Si deseamos liberarnos de la confusión debemos ver que ningún objeto o persona tiene la cualidad de hacernos felices. Lo único que puede hacernos felices completamente es sentirnos llenos y satisfechos, y esto no depende de nada externo, sino del estado de conciencia que hayamos logrado con nuestro desarrollo interior.

El método para liberarnos del apego: la observación y la comprensión de nuestra mente

La causa real del sufrimiento no es, por tanto, poseer cosas sino apegarse a ellas. Para superar este aferramiento hemos de estar dispuestos a observar pasivamente lo que ocurre, sin reaccionar a ello. Todo lo que tenemos que hacer es vernos a nosotros mismos y a lo que nos rodea con claridad: nuestras sensaciones, percepciones, hábitos, actitudes y tendencias. Entender cómo todas ellas nacen y mueren de instante en instante en nuestras vidas. Ante cualquier cosa que nos ocurre, ¿cómo reaccionamos? ¿Nos dejamos arrastrar por ella o por los sentimientos que nos produce? Prestemos atención a cualquier tipo de experiencia, veamos cómo surge, cómo existe y cómo muere. Sólo viendo cómo nace el apego y comprendiendo su causa podremos liberarnos de él. Si no comprendemos que la vida es cambio, nos convertimos en las víctimas del mismo, y no podremos dejar de sufrir por todas las circunstancias.

Para superar los problemas de nuestra vida necesitamos comprender la forma en que los creamos. Fuera de nuestra mente no hay problemas; los problemas son ilusiones, espejismos de nuestra percepción errónea. Cuando comprendemos interiormente este proceso de creación de problemas éstos desaparecen, se disuelven. El auténtico ver, la clara introspección en toda situación que nos suceda es nuestra fuente de libertad. Interiormente somos muy complicados porque vivimos percibiéndolo todo a través de nuestra mente complicada y confusa. La paz nace de la mente simple. Viéndonos a nosotros mismos sin juzgarnos es la forma en que la mente se aclara y purifica. Todo lo que necesitamos para entender la realidad es entendernos a nosotros mismos, cómo nos convertimos en víctimas de las situaciones al reaccionar inconscientemente perdiendo el control, y cómo si observamos y no reaccionamos a esas mismas situaciones, encontramos la paz y la libertad interiores.

La actitud correcta ante la vida es no esperar sólo cosas buenas y maravillosas, sino estar preparados para vivir la felicidad y las comodidades, y también para afrontar la desdicha y las dificultades. Los problemas, aunque no son agradables, están y seguirán estando ahí, aunque nos hayamos convertido en personas conscientes y pacíficas, pues son los que nos permiten seguir desarrollándonos espiritualmente. Si pretendemos vivir sólo experiencias placenteras nuestro sufrimiento está asegurado. La realidad en la que nos encontramos tiene la cualidad intrínseca del dolor; es imposible evitar todo lo que es desagradable. La mirada hacia nuestro interior es lo que nos permitirá encontrar las cualidades para comprender, afrontar y superar la angustia de la vida. Aceptar la cualidad incierta de la vida y confiar en nuestra capacidad para adaptarnos a los cambios con una mente calmada es, en realidad, toda la seguridad que necesitamos. Observemos todo lo que se presenta sin apego, sin rechazo, sin reaccionar ni juzgar. Sólo así podremos utilizar el sufrimiento de forma constructiva.

> *Este mundo es transitorio como una nube otoñal.*
> *El nacimiento y la muerte de los seres es como un baile.*
> *La longitud de la vida de un ser*
> *es como un relámpago que termina bruscamente,*
> *como el agua que se arroja por un precipicio.*
> De Cuentos Populares Tibetanos

Deshacernos de la ira

> *La pelea, la lucha y la agresividad son obstáculos.*
> *No los lleves contigo. Cuando te traslades al interior*
> *abandónalos en la puerta. Si los llevas contigo,*
> *no hallarás el templo interior; nunca lo alcanzarás.*
> *Con esos obstáculos no puedes moverte interiormente.*
> Osho,
> sabio y místico hindú (1931-1990)

La ira es la emoción más destructiva del ser humano, así como el apego es la más difícil de depurar y eliminar. La ira destruye y arrasa con todo lo bueno. Pero a pesar de ser tan dañina seguimos dejándonos llevar por la ira, veamos por qué.

Cuando nos enfadamos estamos intentando sentirnos fuertes pero es realmente la manera con la cual encubrimos nuestra debilidad. Muchas veces con nuestro enfado descargamos nuestra responsabilidad en los demás, encubriendo nuestras propias lacras. El enfado es una forma de manipular a los demás. Cuando nos enfadamos con alguien estamos proyectando en la otra persona las cosas feas que nos negamos a ver en nosotros, esas personas son nuestro propio reflejo así que nos estamos enfadando con nosotros mismos. Miremos hasta qué punto nos ponen de los nervios las personas o sus cualidades negativas y en qué medida son cualidades que tenemos nosotros pero que nos negamos a ver y a aceptar.

Cuando nos enfadamos parece que nos «desahoguemos», que dejemos ir emociones que reprimimos y que nos dañan, pero esto nunca es así; el enfado sólo genera más enfado. Después de descargar en alguien nuestra rabia seguimos en tensión e insatisfechos. El enfado sólo consigue frustrarnos más. La ira destruye a la persona que la siente y a los que le rodean. Perder el control y desquitarse con los demás nunca resuelve nada, ya que un momento de enfado destruye en un sólo instante lo positivo que hemos creado en nuestra vida durante mucho tiempo. Además, al enfadarnos y descargar nuestra ira plantamos las semillas para que eso se vuelva a repetir en nuestra vida, para que alguien descargue su ira sobre nosotros en cualquier momento y nos haga sentir mal. Por eso en lugar de descargar nuestra ira en los demás reconozcamos que estamos enojados y tratemos de saber por qué.

- La cualidad opuesta a la ira es la determinación de no hacer sufrir a nadie. Es un estado mental basado en el amor y en la ecuanimidad. Se trata de comprender que todos somos iguales, y que estamos aquí intentando dejar de sufrir y ser felices.
- Debemos sentir que es mucho más importante nuestra paz mental que todo lo demás. Es más importante ser feliz que vengarse, conseguir unos objetivos o satisfacer unas expectativas. No hay nada que sea más importante que nuestra paz mental, porque sin ella todo lo demás deja de tener sentido.
- Tenemos que aceptar el mundo tal cual es y olvidar cómo querríamos que fuese. Forma parte de la vida que alguna gente inconsciente nos dañe, pero no por eso hemos de sucumbir y empeorarlo todo devolviendo el golpe.
- No culpar a lo que sucede en el exterior, pensar que las emociones negativas están dentro de nosotros. Lo único que hay en el exterior es el reflejo que hace que se disparen las emociones en nuestro interior. No confundir la condición externa con la causa real interna.
- Practicar la paciencia. Esto consiste en meditar en lo siguiente: comparar el estado en que nos quedamos si nos dejamos llevar por la emoción negativa con la paz que tenemos si no nos dejamos llevar.
- Desarrollar la compasión y la sabiduría hará que llegue un momento en que ningún daño nos despierte ira.

La siguiente fábula pretende ilustrar la importancia de mantenernos alerta y no reaccionar con ira:

Sé como un muerto

El maestro le dice al discípulo:

—Acércate al cementerio. Una vez allí, con toda la fuerza de tus pulmones, comienza a gritar toda clase de halagos a los muertos.

El discípulo se dirige al cementerio. Una vez allí, comienza a decir toda suerte de elogios a los muertos y después regresa junto al maestro.

—¿Qué dijeron los muertos? –pregunta el maestro.

—No respondieron –contesta el discípulo.

Y el maestro le ordena ahora:

—Volverás al cementerio y soltarás toda clase de insultos a los muertos.

El discípulo acude de nuevo al cementerio y sigue las instrucciones del maestro. Vocifera toda suerte de imprecaciones contra los muertos y después se reúne con el maestro.

—¿Qué dijeron los muertos? –pregunta por segunda vez el maestro.

—No respondieron –contesta el discípulo.

Y el maestro concluye:

—Así debes ser tú: indiferente como un muerto ante los halagos o los insultos de las otras personas.

Las emociones crean adicción. Evidencias científicas

> *Cualquier estado mental, ya sea felicidad*
> *o de sufrimiento tiende por naturaleza a incrementar*
> *si uno se acostumbra a experimentarlo.*
> Lama Yigme Tempe Ñima (Tíbet, 1865-1926).

Las emociones dañinas pueden destruirnos a todos los niveles, incluido el nivel físico. Según la física cuántica, toda emoción es una sustancia química grabada de forma holográfica. Explicado con términos puramente científicos, podemos decir que las diferentes emociones se corresponden con las diferentes sustancias químicas que hay en el hipotálamo (péptidos). Hay una sustancia química para cada estado emocional que experimentamos: enfado, tristeza, lujuria, sentirse víctima… y cada célula tiene un montón de receptores para captar esos péptidos que circulan por la sangre. Cuando éstos llegan a ella la transforman desencadenando un torrente de reacciones bioquímicas. Si los receptores de la célula son bombardeados por los péptidos de una emoción, éstos quedan reducidos o anulados, por eso la próxima vez se necesita más cantidad de una sustancia para sentir lo mismo. Es así cómo la célula se va haciendo adicta a las sustancias químicas que recibe y que desencadenan nuestras emociones, y es así cómo nosotros nos hacemos adictos a nuestras emociones. Cuando no podemos controlar nuestro estado emocional lo que sucede es que nos hemos vuelto adictos a él. Por esta razón, una persona que tiene arranques de ira los vuelve a tener cíclicamente, y una persona triste, melancólica o depresiva vuelve a ese estado de ánimo si no se fuerza a sí misma a salir de ahí. Las emociones, sean buenas o malas, nos enganchan igual que lo hacen las sustancias como las drogas. Además, si bombardeamos repetidamente la célula con la misma actitud, y con la misma sustancia química, cuando ésta se divida en el futuro tendrá más receptores para esos neuropéptidos emocionales concretos y menos receptores para los minerales, las vitaminas, los nutrientes y el intercambio de fluidos o incluso para la eliminación de toxinas. Es decir, aunque nos alimentemos bien no podremos aprovechar de igual forma los nutrientes porque no tendremos receptores de esos nutrientes al estar «ocupados» por años de abusos emocionales.

Partiendo de esta observación, sería el momento de preguntarnos a qué emociones somos adictos y si podemos cambiarlas por otras más positivas. Si ponemos conciencia podremos transformar literalmente la fisiología de nuestras células, acostumbrándolas a las emociones positivas para hacernos «adictos» a ellas. Lo importante siempre es dar el primer paso. Después, incluso nuestra química corporal nos ayudará a ser cada vez más felices.

Eliminar la ignorancia

> *Dichoso el que ha podido conocer las causas de las cosas.*
> VIRGILIO,
> poeta romano (70-19 a.C.)

No todas las personas van adquiriendo sabiduría con la edad. Eso depende de uno mismo, como todo lo demás. Vamos adquiriendo sabiduría en la vida cuando encontramos el modo de mirar cada situación de tal manera que nos proporcione el máximo estado de satisfacción y plenitud. La lucidez de muchos maestros del pasado nos ha mostrado formas más sanas de relacionarnos con el mundo. Según la sabiduría budista, todas las emociones negativas que tenemos nos vienen de creer que existe un yo separado e independiente que interacciona con el mundo. El yo se defiende y a raíz de esa postura surgen las emociones negativas. Esta sabiduría oriental milenaria se puede resumir en dos puntos:

- La sabiduría que realiza (comprende) la vacuidad de los fenómenos.
- La sabiduría que realiza (comprende) la vacuidad del yo.

Para empezar hay que tener en cuenta que la sabiduría para los budistas no es un concepto intelectual o filosófico, sino un estado de conciencia. Es decir, hemos de llegar a la sabiduría después de un largo camino en el que vamos depurando nuestra conciencia y vamos despertando y sintiendo cada vez más la realidad. Este camino espiritual hacia la sabiduría tiene dos pasos básicos:

1. Depurar la conciencia de los estados mentales negativos y alcanzar una paz interior estable. Es el camino de conocerse a uno mismo y llegar a tener paz mental.
2. Después de haber logrado la paz mental, abrimos nuestro corazón a los demás para compartir nuestro potencial de bondad, compasión y altruismo.

Es decir, para llegar a la sabiduría primero es preciso alejarse del mundo con el fin de hacer un trabajo interior, para después volver a conectar con todo y con todos y ofrecer y compartir todo lo bueno que ahora hemos descubierto en nosotros.

Realizar la vacuidad de los fenómenos

Parece que las cosas están ahí, existiendo sin nosotros, pero lo cierto es que requieren de nuestra presencia para existir. No es que nada exista, sino que la existencia de un objeto depende de una mente para existir; sin ella no hay nada. Así como los sueños no existen sin la mente del que sueña, la realidad no existe sin la mente del que la experimenta. Nada es absolutamente real, todo es efímero, interdependiente, hueco, maleable y relativo. Todo depende de una mente y de sus proyecciones e interpretaciones. En el budismo se le llama falta de existencia en sí mismos o «vacuidad». Esto no quiere decir que todo sea una proyección mental, sino que la realidad que vemos tan sólida y fija no es así, y que si cambiamos una cosa cambia todo el conjunto. Hacer esta apreciación es muy importante para poner toda nuestra atención en hacer los cambios sólo en nuestra conciencia, y no en nuestras circunstancias. Un cambio de conciencia altera toda nuestra realidad.

Realizar la vacuidad del yo

Desde el punto de vista de la sabiduría hemos de darnos cuenta de que el yo no existe como entidad sólida, por eso el camino no es perfeccionarnos a nosotros mismos, ni cambiar para mejorar sino que solamente debemos expandir nuestra conciencia. Tenemos que descubrir que ese yo que queremos cambiar y reformar es una ilusión. Creemos ser alguien a pesar de que nada sobre lo que nos apoyamos se sostiene, nada perdura, ya que la vida nos lo arrebata constantemente. Nuestra creencia en un yo falso y el mundo separado que lo rodea nos mantiene yendo y viniendo sin control entre el dolor y la alegría. Es la ilusión del yo lo que nos mantiene presos en este mundo samsárico de insatisfacción. El *samsara* es un término budista que significa lo opuesto al nirvana, el estado de iluminación. Es el mundo de autoengaño y sufrimiento en el que vivimos y en el cual nos vemos obligados a volver a nacer y morir repetidamente impulsados por los efectos de la ley del *karma*.

La mente que cree en un falso yo se engaña proyectando cosas irreales sobre los objetos y personas que se encuentra, dando lugar a conflictos sin fin. Estamos acostumbrados a ver la realidad desde el prisma deformado de nuestra mente desde el cual no se percibe claramente la realidad. Cada vez que sintamos algo que nos perturba tratemos de investigar si no será nuestra mente quien nos está engañando. Es necesario percibir las cosas con la correcta discriminación. Esto se logra llevando la mente a un estado de calma, indagando y observando profundamente nuestras actitudes mentales para comprender de dónde surge la ignorancia, dónde está la verdad y qué es real o irreal. Si logramos percibir la naturaleza de la realidad con una visión correcta de la vacuidad, podemos lograr la liberación personal de la rueda samsárica del sufrimiento. La ignorancia es lo primero que nos mantiene atados al dolor.

Para alcanzar la sabiduría hay muchos caminos. Generalmente, es la vida la que nos va poniendo a prueba para que después de sortear múltiples obstáculos podamos entrar en estados más avanzados de conciencia. El despertar de la conciencia puede ocurrir a través del dolor de la vida, o bien nuestro peor enemigo nos puede mostrar nuestra parte más oscura, si estamos dispuestos a verla. Pero la conciencia también crece con la observación y con la práctica de la atención plena. Podemos observar la realidad, a nosotros mismos, y nuestras reacciones y emociones. También podemos aprender observando a cualquier persona que tenga los valores de desapego, valor, ecuanimidad o bondad que queremos adquirir. Todo y todos pueden ser nuestros maestros, no es necesario encontrar a ningún gurú de barba blanca que nos dé enseñanzas secretas. Un maestro bien podría decirnos lo que enseñaron cuatro maestros a Arundathi, recogido en *El hallazgo de la serenidad* de Juan Manzanera.

Enseñanzas de cuatro maestros a Arundathi

1. Descubre lo que hay en ti que está en todos los seres humanos y de lo que realmente tienes que enorgullecerte. Eres perfecto en esencia, por eso tu vida como ser humano tiene tanto valor, porque es para llegar a darte cuenta de quién eres realmente.
2. Lo que ahora te parece real se está desvaneciendo hasta llegar a ser sólo un recuerdo. La vida es efímera y fugaz como una gota de rocío, como un relámpago, como un suspiro, como un parpadeo. Descubre lo que hay en ti que no sucumbe, examina lo que permanece, pues está más allá del tiempo. Hay que dar más sentido a la vida y no poner tanto esfuerzo en las cosas que apenas duran.
3. Lo que eres vino de tu mente. Lo que quieras llegar a ser vendrá de ti mismo. Las cosechas no surgen sin semillas, las nubes no aparecen sin humedad. Observa con cuidado tus acciones, pues ellas están creando tu cuerpo, tu entorno y tus mundos futuros. Tu comportamiento atrae todos los sucesos y experiencias de tu vida.
4. No busques lejos la felicidad, no creas que otros la tienen. Asegúrate de buscarla allí donde se encuentra. Sólo si cambias tu grado de conciencia podrás dejar atrás el sufrimiento. Mientras tanto, no importa dónde vayas ni con quién te encuentres, la paz que alcances será tan fugaz como el aliento.

Lo más importante para llegar

El corazón del viajero, el corazón bondadoso

*Mantener el corazón amoroso, aunque sea durante un
instante, nos hace verdaderos seres espirituales.*

BUDA

Todo lo que signifique salir de nosotros mismos, de nuestro egocentrismo, de la identificación con nuestro ego, con la forma, nos aportará la mayor felicidad. El ego es, en realidad, el único motivo de nuestro sufrimiento. La meditación es la herramienta que nos permite darnos cuenta de que no somos nada y, a la vez, lo somos todo, que ganamos el universo cuando dejamos de ser nuestro ego, nuestra personalidad actual, lo que siempre creímos ser. Y no hay forma que nos libere más de nuestro egocentrismo que ayudar a los demás. Salir de nosotros mismos y enfocarnos en ayudar a otros es la forma de ayudarnos más a nosotros mismos; al hacer felices a otros nosotros saboreamos también el néctar de la felicidad. Cuando salvamos al universo nos salvamos a nosotros mismos.

Los momentos más satisfactorios de nuestra vida están relacionados con instantes en los que regalamos nuestro amor incondicional a alguien. Quizás ayudamos a un desconocido en dificultades, consolamos a alguien que lo necesitaba o sonreímos a alguien por la calle. Si no hay motivos ocultos detrás de nuestro amor, si éste es sincero, el hecho de ofrecerlo es ya en sí una recompensa, porque nos hace sentir realmente bien. Los momentos de verdadera comunicación amorosa entre dos personas son los más estimulantes y satisfactorios de la vida.

La expresión máxima de la sabiduría y la iluminación no es otra que tener un espíritu generoso y un corazón abierto, compasivo y amoroso. La persona realmente sabia e iluminada trata a los demás como le gusta que le traten a ella en todo momento, por eso siempre está dispuesta a ayudar desinteresadamente sin esperar nada a cambio. Cultivar la paz mental con métodos como la atención, la concentración, la meditación, la voluntad o los buenos hábitos no es suficiente para cortar con el sufrimiento y llegar a la iluminación. Se dice que toda la enseñanza espiritual se resume en la bondad. La persona que ha adquirido la facultad de beneficiar a todas las criaturas ha llegado a la iluminación. Conocer bien las escrituras y *tantras* sagrados, dominar muchos tipos de meditación y oración, tener visiones de otras realidades o percibir energías sutiles no es ninguna garantía de que nos hayamos convertido en personas espirituales. Lo que realmente nos convierte en seres que viven una vida espiritual es que nuestro interés genuino sea en cada momento beneficiar a los demás. Si aún no hemos abierto nuestro corazón a los demás no hemos llegado al nirvana.

Un corazón vacío de bondad refleja la pobreza de espíritu que nos hace miserables. Por el contrario un corazón cálido y amable colma nuestra propia vida. Encontraremos comodidad, paz, felicidad y una vida plena si nuestro corazón es compasivo. Los sabios nos dicen que tener un corazón así tiene el mismo efecto beneficioso para que nuestra mente no sufra que calzarse unos zapatos de cuero para no dañarse los pies. Dicen también que el corazón bondadoso nos protege en tiempos de dificultades y nos ayuda a vencer las más temibles situaciones, favoreciendo que nunca nos falten los recursos para hacerles frente. Si nuestro corazón está abierto a los demás cualquier acción positiva se multiplica y las impresiones nocivas se sanean fácilmente.

El amor es el verdadero salto espiritual

Cuento zen

Una vez, un maestro espiritual que estaba agonizando fue preguntado por sus discípulos para que dijera sus últimas palabras:

—¿Cuál es el acontecimiento más extraordinario que has contemplado en tus viajes? –le preguntaron. Y él respondió:

—Lo más fascinante no es ver a alguien caminar por las brasas, o curar picaduras de serpiente con *mantras* sagrados. Lo más fascinante que he visto en mi vida son los momentos de amor que he presenciado. Cada vez que alguien movía un dedo para hacer feliz a su prójimo; cada gesto, cada palabra, cada movimiento para hacer al mundo feliz. Lo más extraordinario, lo más inverosímil, lo más milagroso ha sido el amor. Pero me he dado cuenta demasiado tarde y, cuando he querido empezar a practicarlo, me estoy muriendo. Os lo ruego, no hagáis lo mismo vosotros.

La compasión es amor puro, el deseo de que los demás sean felices y la determinación de ayudarles a ello. Un corazón bondadoso es la mayor fortuna latente que poseemos, una verdadera mina de diamantes que todos llevamos oculta dentro de nosotros, y a la cual podemos llegar desarrollando nuestro potencial de bondad. Hemos de pensar que podemos estancarnos en el camino del despertar de la conciencia si nos quedamos en el conocimiento de nosotros mismos y no nos decidimos a generar ese amor puro hacia todos los seres. El amor nos sana, expande la conciencia y nos empuja al auténtico crecimiento interior. Cuando hay amor cualquier conducta es espiritual: dormir, pasear, comer, trabajar, hablar... Todo nos eleva a una mayor conciencia.

Cómo desarrollar el corazón bondadoso

- El primer paso para descubrir nuestro corazón bondadoso es demostrarnos amistad y ternura a nosotros mismos. De lo contrario proyectaremos hacia el mundo confusión y falta de armonía. Relajarnos y apreciar nuestro cuerpo y nuestra mente es el primer paso para empezar a sentir nuestro corazón de bondad. Sentir ese cariño y amor por nosotros es la base que nos permitirá sentir amor por los demás y querer ayudarles. Sentirnos dignos de felicidad y capaces de enfrentarnos a lo que venga son cualidades del amor a uno mismo. Una vez que asentamos el amor hacia nosotros, podemos ir expandiéndolo hacia nuestro entorno.
- El segundo paso es ser conscientes de que es el miedo lo que cierra el paso al amor. Nuestro corazón bondadoso está dormido porque tenemos miedo a sufrir. Desconfia-

mos de los demás y de sus intenciones, lo cual nos pone a la defensiva. Pensemos que es mejor correr el riesgo de que nos dañen a la pobreza de no haber sentido nunca amor.

- El tercer paso incluye alegrarse por quienes ya son felices. Esto es muy liberador. En budismo se llama el regocijo y se trata de sentirse feliz por los que disfrutan de lo que nosotros aún no tenemos. Esta práctica trae muchos beneficios a nuestra vida.

- El cuarto paso para despertar la verdadera compasión es comprender el sufrimiento de los demás. Todos tenemos dificultades, enfermamos, experimentamos pérdidas y abandonos, vivimos condicionados por nuestro pasado y entorno, y tenemos una mente que nos domina con nuestras turbulentas emociones. No sabemos lo que nos deparará el futuro, por tanto, lo que hoy le pasa a nuestro vecino mañana podría pasarnos a nosotros.

- El quinto paso para desarrollar el corazón bondadoso es pensar que cuando otros seres nos dañan lo único que buscan es dejar de sufrir. Es su propia inconsciencia la que nos daña, pero su deseo real nunca es ni dañarnos ni beneficiarnos, sino sólo ser felices ellos mismos.

- El sexto paso consiste en pensar que todo lo que tenemos en realidad se lo debemos a los demás. Detrás de cada plato de comida que tenemos delante hay muchas personas: agricultores, transportistas, gestores, vendedores, cocineros… También la ropa que llevamos, o todo lo que poseemos se lo debemos al trabajo de muchas personas. Podemos pensar que lo que tenemos nos lo hemos ganado con el sudor de nuestra frente pero, en realidad, fueron también otros los que nos enseñaron nuestra profesión o a ganarnos ese dinero. Todos estamos interrelacionados; sin los demás nada en nuestra vida sería posible.

- El séptimo paso para desarrollar nuestro buen corazón es respetar lo que sienten los demás sin hacer ni decir nada. Muchas veces ayudar a otro es simplemente acompañar a alguien en su tristeza, su ira o su angustia. Quizás la persona necesite ser consciente de sus emociones, y estar ahí presentes puede ser su mejor apoyo. Nuestro primer impulso es dar consejos que rara vez sirven. El maestro de meditación Juan Manzanera dice que si un consejo ayudó alguna vez a alguien es por la compasión que lo acompañaba y no por el consejo en sí. La forma más eficaz de ayudar a alguien es estar presentes y sentir su verdadera esencia sin considerar su personalidad ni juzgar sus actos.

El camino espiritual pasa ineludiblemente por desarrollar un corazón bondadoso. No dañar a los demás e intentar ayudarles y beneficiarles en la medida de nuestras posibilidades. Si la fuerza que mueve nuestra vida es la búsqueda de seguridad, estaremos bien protegidos con un buen corazón. El corazón compasivo nos hace felices en el mismo instante. No necesitamos recibir nada a cambio ni que nadie se de cuenta de nuestra bondad para sentirnos bien. Cuando nuestro corazón se abra podremos ver la realidad y a las personas tal como son. Esa visión correcta nos llevará a la comprensión del sufrimiento humano y de la odisea por la que tenemos que pasar los seres humanos para llegar a percibir la verdad de las cosas y poder vivir de acuerdo a ella. El camino más rápido hacia esa verdad auténtica es, sin duda, nuestro corazón bondadoso.

Cómo recorrer el camino

Plantar las semillas adecuadas

Como los pensamientos son los padres de todos los actos,
buenos o malos, los hombres son como piensan,
ahora y en lo sucesivo.
La cosecha será como haya sido la siembra.
LIBRO TIBETANO DE LOS MUERTOS

Para recorrer el camino hacia el Mundo Real aún necesitamos saber algo muy importante sobre cómo funcionan las cosas, y sobre el potencial que encierran todas las situaciones que nos encontramos a diario. Después de todo lo dicho, podríamos concluir que el mundo es una creación nuestra basada en nuestros miedos y deseos conscientes e inconscientes, además de en nuestras creencias condicionadas y nuestras expectativas. Pero si bien esto es así, nos falta un factor fundamental para acabar el cuadro; ese factor son nuestras impresiones o semillas mentales. Cada pensamiento, intención o acción deja una huella en nuestra mente, una semilla que germinará en el futuro y nos hará ver la realidad de una determinada manera. Por ejemplo, la riqueza es una percepción que viene de haber sido generosos en el pasado. Es posible que pensar en riqueza y creer que es probable tenerla la atraiga a nuestra vida, pero eso no quiere decir que nos sintamos ricos de veras, que podamos disfrutarla. Disfrutar de lo que se posee depende de un *karma* muy concreto, depende de haber plantado las semillas adecuadas en nuestra mente. De hecho, tener pensamientos que atraigan la riqueza hacia nosotros también es un tipo de *karma* o semilla. Recordemos que el *karma* es la ley de causa y efecto. Cada acto o intención es una causa que genera una energía que retorna a nosotros en forma de efecto. Vivimos generando *karma* constantemente, debemos estar muy atentos a que ese *karma* sea positivo y produzca buenos frutos.

Sólo hay dos maneras posibles de interpretar el mundo: o bien creemos que el mundo es caótico y funciona por azar, o bien creemos que debajo del caos hay un orden y propósito superiores. Pero ambas cosas a la vez no pueden darse. Lo cierto es que existe una armonía oculta en la que todo tiene su sitio perfecto, en donde nada podría ser más que lo que es, pero para vislumbrar este orden bajo el caos necesitamos reducir el ruido de nuestros pensamientos y sintonizarnos con la totalidad.

Algunas personas reconocen que no existen las casualidades y que recogemos lo que hemos sembrado, pero esas mismas personas cuando viven casos concretos en los que personas buenas sufren y gente sin escrúpulos parece salir adelante y triunfar (supuestamente), dudan de que exista una justicia y un orden por debajo de toda esa injusticia y ese caos aparente. Es entonces cuando vuelven a caer en una visión victimista de la vida. En esos casos nuestra mente no puede entender qué propósito tienen sucesos aparentemente tan injustos, pero las causas son infinitas y están conectadas con la totalidad del universo de maneras que nuestra mente no puede comprender. A veces tendríamos que remontarnos hasta el comienzo de la creación para entender una causa. Hay sucesos que pueden parecernos aparentemente casuales, pero no hay nada casual. Toda acción o intención engendra una energía que vuelve a nosotros en igual medida. Nos guste o no, todo lo que está sucediendo en este momento es consecuencia de las decisiones que hemos tomado o hemos dejado de tomar en el pasado. Al tomar una decisión, hemos de ser plenamente conscientes de las consecuencias de esa decisión, y de si nos aportará felicidad a nosotros y a los que nos rodean. Sembrar las semillas de la felicidad implica tomar decisiones conscientes desde el amor.

Para entender todo este razonamiento me he basado en la obra *El tallador del diamante* de Michael Roach, que se basa a su vez en textos budistas con una antigüedad de 2.500 años, en los cuales grandes maestros de meditación del pasado estudiaron en profundidad cómo cada semilla plantada germinaba de una determinada manera. En primer lugar, hemos de entender algo básico que coincide con lo que habíamos comentado hasta ahora:

*El modo en que vemos la realidad
viene de nosotros mismos.*

Este principio ya nos era conocido. Ahora veremos el proceso por el cual la realidad procede de nosotros. Michael Roach nos dice que todas las cosas son neutras («vacías»); el hecho de que las veamos como buenas o malas depende de las impresiones o semillas mentales que hemos plantado con anterioridad en nuestra mente. Si esto no fuese así una misma persona no podría resultar simpática para unos y antipática o irritante para otros. Un mismo hecho o acontecimiento no resultaría algo positivo para unos y algo negativo para otros. Es decir, todo es relativo, todo depende del estado de nuestra mente, de las semillas que hay ahí plantadas. Saber que son las semillas que germinan las que dan lugar a una determinada realidad nos da la libertad y el poder de «sembrarnos» un futuro mejor. Michael Roach comenta que la mente siembra aproximadamente 65 semillas o impresiones mentales por segundo. Esas semillas entran en un lugar de nuestro inconsciente donde permanecen días, años o décadas. Una vez han sido plantadas en la corriente mental crecen como lo hacen las semillas en la naturaleza: después de un mes se ha doblado su fuerza, de dos meses se ha triplicado, y de cinco meses tienen dieciséis veces la fuerza original. Incluso los actos menores o descuidados dirigidos a los demás pueden crecer en forma de experiencias inmensas, nos dice el autor. Y señala que nuestra mente es como un vasto depósito de miles y miles de impresiones mentales que hacen cola para despegar, como aviones en la pista de un aeropuerto. Cuando una impresión-avión despega, es decir, cuando asciende a nuestra mente consciente, colorea toda nuestra percepción de lo que estamos viviendo en ese momento. Las impresiones más fuertes despegan primero. A continuación, veremos qué es lo que hace que una semilla o impresión se plante con más fuerza en nuestro inconsciente:

Es nuestra intención la que determina
con qué fuerza se plantan las semillas.

La impresión mental es más fuerte, tanto para lo bueno como para lo malo, cuando somos conscientes de lo que hacemos y nos sentimos felices con lo que hemos hecho y, por consiguiente, lo repetiríamos. También queda fuertemente sembrada una acción que supone hacer algo por alguien que lo necesite mucho, o cuando estamos motivados por una intensa compasión. Hemos de tener en cuenta cosas que no por obvias son menos importantes, como que de un acto negativo sólo se derivan resultados negativos, y de uno positivo sólo extraeremos resultados positivos. Otra obviedad a considerar es que ningún tipo de experiencia tiene lugar a menos que la impresión-semilla que la activa haya sido plantada. Nada ocurre sin impresión o semilla previa. Y, por último, decir que ninguna impresión se pierde, siempre acaba causando que se perciba algo.

Para hacerlo más comprensible podemos considerar varios ejemplos de impresiones-semilla. Por ejemplo, el dinero o, mejor dicho, la sensación de abundancia, se crea gracias a haber tenido un estado mental generoso. Los pensamientos avariciosos o limitadores son impresiones que nos harán ver una realidad donde nos falte el dinero; o puede ser que lo tengamos, pero que aún así no sintamos que tenemos suficiente. Es decir, nuestra creencia o nuestros pensamientos pueden atraer el dinero a nuestra vida, pero no pueden darnos una sensación de plenitud y seguridad. La verdadera sensación de abundancia sólo nos vendrá de plantar semillas de generosidad. Otro ejemplo sería que nadie nos mentiría a menos que hayamos plantado una impresión en nuestra mente por haber mentido nosotros antes, ya sea intencionadamente o sin darnos cuenta.

Según una poesía budista, las buenas semillas son: dar, que produce riqueza; la bondad, que nos hace felices; la paciencia, que nos aporta belleza y salud; la concentración, que nos da una sensación de paz y libertad; y la compasión, que logra que todos nuestros deseos se vuelvan realidad.

Michael Roach nos propone que probemos durante un tiempo para ver si plantar buenas semillas funciona para nosotros; lo peor que puede ocurrirnos es que durante un tiempo hayamos sido amables y generosos con los demás. De todas formas, no podemos esperar que estos principios produzcan éxito personal si no se siguen con intensidad y perseverancia. Para que estos principios de sabiduría nos funcionen tenemos que actuar todo el día según este conocimiento, aunque sea con cosas pequeñas, y hacerlo durante mucho tiempo. Un deportista o un músico también tienen que practicar cada día de forma regular y constante para dominar su arte.

Para tener una mejor idea de lo que son las semillas o impresiones mentales haremos un paralelismo con las mismas plantas. Nadie planta en su jardín unas semillas y espera que las flores hayan crecido al día siguiente. Saber que las cosas están siempre ocurriendo por las impresiones mentales que han dejado nuestros actos o pensamientos puede ser duro de aceptar. Es posible que en este punto muchas personas no acepten que fueron ellas las que provocaron su desdicha y sus problemas. Pero aceptar esto nos aporta al mismo tiempo una gran libertad, la libertad para elegir el camino correcto. Nuestra responsabilidad es también nuestra libertad.

Algunos problemas y las impresiones-semilla que los producen extraídos de **El tallador del diamante** *de Michael Roach*

- ● **Nos falta dinero, nos cuesta encontrarlo.**
- ○ Somos tacaños o nos cuesta dar a los demás.

- ● No podemos disfrutar del dinero y de las cosas que hemos comprado con él. Siempre nos acompaña un sentimiento de insatisfacción.
- ○ No apreciamos lo que tenemos y siempre nos comparamos con los demás.

- ● Alguien nos apuñala por la espalda, no podemos cerrar tratos con los demás.
- ○ Nos alegramos de las desgracias humanas, obsesión pública por los problemas de los famosos.

- ● La gente que nos rodea no nos ayuda cuando más lo necesitamos.
- ○ Sentimos un placer insano ante los problemas de los demás.

- ● No podemos controlar nuestro enfado, nos enfadamos con todo y con todos.
- ○ Deseamos problemas a los demás o no nos sentimos afectados ante un problema ajeno.

- ● Pequeños problemas de salud que se vuelven más serios.
- ○ No nos interesamos por el bienestar de los que nos rodean. (Ocupémonos de que los demás estén bien para tener buena salud.)

- ● Nos hablan de modo ofensivo.
- ○ No controlamos el enfado cuando surge en nuestra mente.

- ● Nos vemos y nos ven feos o con mala o poca salud.
- ○ No tenemos paciencia, no controlamos el enfado.

- **La gente que nos rodea nos critica.**
- No prestamos atención a la manera en que nuestros actos y palabras afectan a los demás.

- **La gente no nos cree, dudamos de nuestras decisiones, tenemos ataques de inseguridad o depresión.**
- No hemos sido honestos.

- **Nadie nos escucha cuando pedimos un favor, nadie parece respetar lo que decimos, no tenemos confianza en nosotros mismos, no podemos disfrutar de nuestro tiempo de ocio, la gente nos ignora aun cuando hacemos buenas sugerencias.**
- Nos implicamos en charla vana (conversaciones inútiles sobre sexo, crímenes, guerra, política, cotilleos, etc. Por ejemplo: revisión de los acontecimientos mundiales, hablar de otras personas con las que no se tiene nada que ver y de cosas sobre las que no sabemos ni tenemos influencia. Prácticamente todo lo que decimos sobre los demás cuando lo único que queremos es escucharnos a nosotros mismos.)

Problemas más concretos en nuestro negocio
o empresa y la impresión-semilla que los provoca

- **La liquidez de nuestra empresa es inestable.**
- No compartimos nuestras ganancias con los que nos ayudan a producirlas. No tenemos voluntad de compartir lo que hemos ganado.

- **La maquinaria en la que invertimos se deteriora rápidamente o es poco fiable.**
- Sentimos envidia o no nos alegramos del éxito ajeno.

● **Perdemos autoridad.**
○ Tratamos a los demás con arrogancia.

● **Los desastres externos perjudican nuestro negocio.**
○ No mantenemos nuestras promesas.

● **Siempre parece que a la competencia le va mejor que a nosotros. La competencia es despiadada.**
○ Hablamos con dureza a los demás (palabras desagradables o con intención de hacer daño).

● **El negocio sube y baja sin lógica.**
○ Deseamos que los demás fracasen.

● **Nos vemos afectados por la corrupción.**
○ No nos sentimos felices por el éxito de aquellos que nos rodean.

● **En nuestra empresa todos parecen hacer trampa.**
○ Hemos intentado engañar a alguien.

● **Los trabajos que encargamos parece que nunca se hacen.**
○ No hacemos el trabajo más fácil a los que trabajan con nosotros.

● **La gente que nos rodea tiende a engañarnos.**
○ Somos orgullosos, no alabamos a los que nos rodean ni nos mostramos agradecidos con su trabajo.

● **Nuestros empleados no son de fiar.**
○ Nuestro esposo/a, amigos o hijos nunca pueden contar con nosotros.

Recapitulando diremos que los problemas son creados por semillas que hemos plantado en la mente en el pasado. Las semillas nos obligan a ver la realidad de una determinada manera. En el momento en que una impresión ha madurado tendremos que sobrellevar las consecuencias y esperar que maduren otras más favorables, intentando no plantar nuevas impresiones negativas en nuestra mente en ese instante (por ejemplo, si nuestro jefe nos grita, no le respondamos con más gritos).

Saber cómo funcionan las cosas y mantener la mente en ese conocimiento hace que todo vaya más deprisa y sea mucho más poderoso. Debes actuar siempre según este conocimiento y esperar pacientemente los resultados. Un único instante de enfado sellado en la mente puede conducir a días, semanas o incluso más tiempo en el futuro en que tendrás que experimentar el resultado de esta impresión en el mundo a tu alrededor. Tu futuro se crea a partir de las decisiones que estás tomando en cada momento de tu vida. Toma decisiones conscientes que sean favorables no sólo para ti, sino también para los que te rodean. El bienestar o malestar que te produzca una decisión puede ser tu guía hacia una decisión correcta. Cada acto, palabra, pensamiento o intención cuentan. Lo que haces se acumula. Tu vida actual es una consecuencia de tus decisiones del pasado. El futuro será el resultado de lo que haces en este momento. Ahora estás creando tu estado mental de mañana, de la semana que viene y de los años que te quedan por vivir. Limítate a escoger sólo buenas semillas para que el futuro jardín de tu vida esté lleno de flores preciosas. Ésa es la manera de influir en tu destino. Así creas tu futuro.

*Un bodhisattva no teme el resultado, sólo la causa. [...]
Debemos consumir la mayor parte de nuestra energía
plantando hoy buenas raíces, en lugar de impacientarnos
por las plantas que están ya creciendo a partir
de las raíces que plantamos en el pasado.*

HSING YUN,

monje y maestro budista (China, 1927).

Describiendo lo indescriptible.

La llegada al Mundo Real

La alegría

La naturaleza de la mente consciente es paz y júbilo.
LAMA YESHE (1935-1984)
Maestro Budista

Existe la felicidad que depende de algo exterior a nosotros, como los placeres sensoriales, pero esa felicidad no es duradera. Sin embargo también existe una felicidad que no depende de las circunstancias externas. Esa alegría es fruto de nuestro esfuerzo y madura después de realizar un trabajo espiritual. No es una excitación o una explosión de júbilo, sino todo lo contrario, es un estado de paz y de silencio que no desaparece una vez lo hemos conseguido.

Al llegar al Mundo Real, a lo más profundo de nuestro ser donde el ego no existe, conectamos con nuestra alegría. La alegría es la materia prima de la que estamos hechos. Si vamos hacia el interior inevitablemente la encontraremos. De la misma forma, si nos quedamos en la superficie nunca sabremos de ella.

Los placeres sensoriales no son en sí ni buenos ni malos, todo depende de cómo los vivamos. El problema viene si dependemos de ellos para ser felices, ya que eso nos convierte en personas necesitadas. Pero si conseguimos no aferrarnos a ellos, es posible entrar en el presente y vivir a través de las sensaciones placenteras una experiencia de satisfacción. No se trata de reprimirnos o de buscar exclusivamente en el interior sino, al contrario, se trata de vivir el placer estando del todo presentes en las sensaciones y después saber soltarlas cuando se acaban. Sentir alegría viene de saber vivir las situaciones con desapego y sin análisis mentales, de saber gozar con las sensaciones y de seguir estando satisfechos cuando desaparecen. Sentir un gozo permanente es la señal de que el Mundo Real ya no nos es ajeno, de que vivimos nuestra verdad.

La alegría llega cuando cesa el deseo

El estado normal de la mayoría de las personas es ir siempre corriendo en pos de algo: dinero, poder, más dinero, posición social, comodidades... La paradoja es que cuanto más corremos más nos alejamos de ella. Huimos de la insatisfacción que se halla en nuestros corazones, pero ésta sólo puede combatirse llenándonos de nuestra propia esencia. Únicamente al ir hacia el silencio que hay en el centro de nuestro ser encontraremos la alegría y la paz que un día perdimos al entrar en el mundo dual.

La alegría llega cuando hemos dejado de buscar y de desear algo más. Si buscamos estamos insatisfechos. Al relajarnos y abandonar la búsqueda entramos en armonía con la existencia.

La búsqueda espiritual se caracteriza por un fuerte deseo de dejar de sufrir y de ser libres y felices, pero la paz y la alegría llegan cuando el deseo ha desaparecido.

Desde siempre me han producido tristeza las ferias, parques de atracciones o similares. Es una sensación de absurdo que ha crecido con los años. Después de reflexionar, he comprendido el porqué. En palabras del lama Chögyam Trungpa: «Cualquier forma de entretenimiento nos induce a creer que estamos en estrecho contacto con la vida cuando, en el fondo, lo único que hacemos es someternos a un estado de mayor letargo». Es decir, al evadirnos nos alejamos de la dicha verdadera. A veces, el entretenimiento puede ser una forma más de tapar el dolor y el vacío de la insatisfacción.

En el mundo occidental todo se orienta hacia el mundo de los sentidos, buscamos fuera de nosotros lo que nos pueda dar las máximas sensaciones y nos permita experimentar aún más intensamente. Esto ahonda en la idea de que la felicidad está fuera de nosotros. Así la sociedad actual nos incita constantemente a seguir enganchados a los placeres exteriores, ayudándonos a empobrecernos cada vez más interiormente y, en consecuencia, a ser más infelices. Casi todo el mundo huye de la insatisfacción, es raro encontrar un ser humano que no sea adicto a algo en mayor o menor medida. Cada vez las formas de entretenimiento son más sofisticadas y buscan que subamos un peldaño más en la escala del placer del tipo que sea. Pero si nos alejamos tanto de nuestro espíritu sentiremos un vacío existencial más grande. Si al sumergirnos en una experiencia no nos sentimos conectados con la totalidad, puede significar que estemos utilizando esa vivencia como una forma de huir de nosotros. Para que se produzca ese sumergirse en la experiencia tenemos que dejar de interpretar nuestras vivencias. La dicotomía es vivir o pensar. Al pensar sobre lo que estamos experimentando, dejamos de vivirlo. El mundo sensorial es una puerta a la vida, siempre que seamos capaces de parar el pensamiento inútil sobre las cosas que nos ocurren. Deberíamos preguntarnos qué hacemos con nuestra vida, ¿la vivimos o la pensamos? Si pensamos, lo que hay ante nosotros se desvanece y nos perdemos la experiencia. Es automático, la alegría se disipa en el momento en que los fantasmas del pasado o del futuro aparecen.

En realidad, la felicidad va con nosotros allá donde vamos, nos persigue como una sombra, pero nuestros razonamientos y nuestro comportamiento egocéntrico la ahuyentan. Hay un universo enormemente rico delante de nosotros a cada instante, que se nos escapa porque miramos hacia otro lado. Miramos hacia el futuro donde creemos que podremos encontrar lo que nos falta, o hacia el pasado, donde pensamos que se quedó aquello que nos era esencial. Miremos hacia el presente y estará ahí. Detengámonos y respiremos profundamente. Nuestra mente se ha convertido en el obstáculo que nos impide sentir la vida en profundidad. Pensar nos ayuda a crear una realidad, pero después de la fase creativa hemos de poder abandonarnos a la vivencia y dejar de pensar para poder disfrutar de ella.

La idea principal de todo lo expuesto es que nada que venga de fuera produce alegría. El placer que viene del exterior, empieza y acaba. La alegría brota del interior, depende de nuestro estado de conciencia y una vez que llega ya no se va. Cuando hayamos llegado a la plenitud podremos seguir gozando de los placeres efímeros, pero ya no los necesitaremos para estar alegres. El alma alegre percibe las cosas más sencillas como auténticas fuentes de gozo y sabe que hay algo más valioso que las fugaces satisfacciones físicas.

La puerta de la alegría es aceptar vivir en un mundo que nunca será perfecto, no rechazar ni codiciar lo que se manifiesta, fluir con lo bueno y con lo malo y observar el drama cotidiano desde una cierta distancia sintiendo interiormente que ya no formamos parte de él.

La comprensión del sufrimiento, el camino a la alegría

El viaje al Mundo Real nos lleva por senderos de comprensión profunda, por valles de lágrimas y por montañas de nudos de dolor escondidos. Nuestro dolor emocional acumulado surge al exterior para hacerlo consciente. Finalmente comprendemos la gran alucinación: la realidad es un producto de nuestra mente pensante. Las creaciones fantasiosas aparecen ante nosotros como muy reales, pero son la sombra que tapa nuestra alegría. Lo que nos mantiene atados a esa fantasía son nuestros comportamientos negativos aprendidos. Nos enseñaron a vivir a través de la energía del ego, a dar una imagen, a ser competitivos… Si queremos conocer nuestra verdadera naturaleza alegre tenemos que desaprender esas tendencias haciéndonos conscientes de ellas y comprendiendo las razones por las cuales hemos llegado a ser como somos.

Durante el viaje no hurgaremos en las heridas del pasado, dejaremos de preocuparnos y angustiarnos. Vamos a intentar no crearnos más sufrimiento. Si ahora nos sentimos tristes y desgraciados debemos aceptarlo y aceptarnos e intentar comprender por qué, cómo llegamos a sentirnos así, por qué mecanismos del ego. Vamos a investigar qué hay detrás de nuestros comportamientos y cuáles son nuestras motivaciones.

Nadie puede hacernos felices ni infelices, es nuestra identificación con un yo feliz o infeliz la que crea esa realidad. Al desidentificarnos de ese yo y olvidarnos de nosotros, sentiremos aparecer una sensación de gozo constante. Habremos llegado al final del trayecto. Nunca nos habíamos imaginado que había tan poca distancia entre nosotros y nuestra alegría. ¡Disfrutemos de lo que somos!

> *Esta misma vida es la más profunda alegría*
> *posible para la conciencia humana.*
> OSHO,
> sabio y místico hindú (1931-1990)

La creatividad

> *Siempre que hagas algo deberías consumirte totalmente,*
> *como una buena hoguera, sin dejar ningún rastro de ti.*
> SHUNVYU SUZUKI,
> sacerdote zen (Japón, 1904-1971)

En el Mundo Real actuamos movidos por una necesidad de expresarnos sin atender a las normas o expectativas de nadie. Cualquier arte, ya sea la pintura, el cine, la escritura, la música o el baile nos sirve como vía de expresión. También puede servirnos la cocina o cualquier otra actividad en la que sintamos que podemos comunicar algo. Nos convertimos así en un canal a través del cual lo precioso del universo se manifiesta. El ser creativo es espontáneo, no tiene intenciones ocultas ni miedo de expresarse. Es consciente de la riqueza que posee ya que ofrece al mundo la belleza que le sale de dentro.

Cuando no estamos conectados con nuestro ser interior nuestras creaciones surgen de la mente egoica, cuyas pretensiones son conseguir fama o dinero. Por el contrario, crear desde el Ser sin aspirar a aparentar o demostrar nada refleja que nos hallamos en un estado de fluidez y no-esfuerzo en que dejamos que las cosas sean, desde el cual surgen las creaciones brillantes.

La creatividad, igual que el amor puro o la alegría, es una cualidad del Ser. Si buscamos ser creativos en alguna faceta de nuestra vida tenemos que trabajar todo nuestro ser, dejarnos en paz, crear espacio interior para que ésta pueda surgir. La creatividad no son ideas nuevas, sino una ausencia de ideas viejas. Para que surja la creatividad hemos de estar vacíos de pasado y de futuro y vivir con conciencia el presente. Si necesitamos ser creativos hagamos la prueba: tenemos que vaciarnos de contenidos, concentrar la atención en lo que nos envuelve ahora, borrar todos los compromisos de nuestra agenda, meditar, escuchar el silencio, dejar de hablar, de ver la televisión o de leer periódicos. Tenemos que descansar o hacer un retiro de algunos días fuera del mundanal ruido. Al dejar espacio dentro de nosotros la creatividad surgirá otra vez de forma espontánea. Muchos creativos creen que necesitan una idea, pero es todo lo contrario, hemos de sacar de nosotros todas las ideas y volveremos a ser creativos.

La creatividad ocurre cuando nuestra esencia más pura queda al descubierto y fluye sin esfuerzo al caer la careta falsa del yo. Somos creativos si ponemos toda el alma en nuestra creación, si disfrutamos y amamos algo de verdad. Pero no debemos confundir ser creativos con ser activos. La incapacidad de estar quietos y en silencio ocupándonos de nosotros mismos sólo refleja nuestra ansiedad y angustia interior.

Resumiendo, no hay creatividad sin silencio ni vacío. Una mente saturada es una mente incapaz de crear belleza. Si los motivos que mueven nuestras acciones son el prestigio, el reconocimiento o el poder, nuestra creatividad surgirá de nuestro ser impostado y nuestra obra no será fresca ni original. Sin embargo, cuando nuestras acciones surgen de nuestro ser auténtico son una expresión única y genuina, porque nuestra esencia también lo es.

Por otra parte, la creatividad tiene también una cualidad curativa, ser creativo es, además de todo lo dicho, una forma de curación emocional. La creatividad permite que nuestra energía vital fluya libremente deshaciendo nuestros bloqueos energéticos y sanando nuestro cuerpo y nuestra mente. Todo lo estancado surge hacia el exterior produciéndose así la restauración de la salud. La creatividad es la celebración de nuestra propia vida. La acción consciente a través de la cual expresamos lo más auténtico y original de nuestro ser. Cada vez que nos sumergimos en la acción creativa estamos en estrecha conexión con quien verdaderamente somos. Si al expresarnos sentimos que todo tiene sentido, entonces estamos en contacto con el Mundo Real.

La paz

Sin forzarte nunca, permaneciendo relajado y natural puedes romper el yugo y obtener así la liberación.
TILOPA, BUDA VAJRADHARA
(India, 988-1069 a. C.)

Tener paz mental, aunque las condiciones externas sean adversas, es otra de las señales de que hemos llegado a la plena conciencia, el final de nuestro viaje. La calma mental es uno de los ingredientes principales de cualquier vida digna de ser vivida. Una mente inquieta o angustiada no puede saborear los momentos, por muy agradables que éstos sean; es como tener delante un manjar muy apetecible pero haber perdido el sentido del gusto. La calma mental es el estado de conciencia necesario para el disfrute de las cosas, la cualidad que aporta calidad a nuestra existencia. Podemos disponer de todo lo agradable, pero sin paz mental es como si lo viésemos desde un escaparate. Cualquier comodidad nos pasará desapercibida si no hemos adquirido la capacidad para disfrutar de ella.

La calma mental es nuestra verdadera fuente de felicidad. Es un estado del ser consciente, al cual llegamos al recorrer el camino desde la inconsciencia a la conciencia. Un día mientras caminemos nos daremos cuenta de que no hay nada más importante, y entonces elegiremos siempre la paz sobre cualquier otro fin.

Cuando no hay un tiempo de silencio para sentirnos y sentir lo que nos rodea, nuestra vida se vuelve muy inconsciente. Nuestra mente saturada se identifica y aferra a cada idea y esto nos agota. Tomar conciencia de la irrealidad de los pensamientos y del sufrimiento que causan los alejan de nosotros. No les hagamos demasiado caso, dejemos que el río siga fluyendo. Osho dice que no podemos tener paz y mente a la vez; o tenemos una o tenemos la otra. Paz mental significa, entonces, que hemos dejado descansar nuestra mente. La mente es el origen de todas las tensiones, angustias y preocupaciones. Si podemos crear una distancia entre nuestro ser real y nuestra mente, viviremos más cerca de la serenidad.

Desde que comienza el día podemos hacernos el propósito de dejar de ser invadidos por un exceso de noticias y por entornos ruidosos. Podríamos tomar la mañana como un período de reflexión necesario sin hablar ni juzgar. Como una pausa para observar, escuchar, respirar, saborear. Nuestras mentes son recipientes al límite del desbordamiento. Cuando éste llega, la angustia, la ansiedad y la depresión se vuelven compañeras de nuestros días y de nuestras noches. Ésta es la realidad: una mente tan llena no es feliz. Está confusa, inquieta, insatisfecha. Para vivir es indispensable pararse para oler las flores. Hacernos cada día el propósito de hacer un alto en el camino para inspirar y espirar, para distanciarnos de nuestro escenario mental y ver dónde nos encontramos realmente. Deja de vivir al borde de un ataque de nervios. Convierte tu vida en un artículo de primera calidad. ¿No es tu propia vida acaso lo más importante?

La felicidad se esconde en las cosas pequeñas en las que reparamos cuando estamos despiertos. En la velocidad de la inconsciencia se nos escapan ese gesto o esa mirada que podrían arrancarnos una sonrisa. A ciertas velocidades la vida pasa, pero no nos enteramos. Sin tiempo para disfrutar de las cosas nuestra vida pierde la paz y el sentido. Y los días sin sentido se suceden uno tras otro sin que hagamos nada por remediarlo.

Si decidimos que a partir de ahora nuestra vida merezca la pena, tenemos que redescubrir el encantamiento que se halla en nuestra vida cotidiana. Debemos mirar con otros ojos para percibir esa magia. Nuestra vida es la suma de nuestros días y de nuestras horas; si nuestras horas son inconscientes y desdichadas nuestra vida también lo será. Como decía aquella nota de Leonardo Di Caprio en *Tita-*

nic de James Cameron (1997): «Haz que cada momento cuente».

Pero si vivir conscientemente es tan maravilloso, ¿por qué nos empeñamos en seguir dormidos? La razón es el dolor. El dolor profundo surge en el proceso de hacernos más conscientes y eso tendemos a evitarlo. El dolor duerme cuando nosotros estamos adormecidos y a un nivel inconsciente nos interesa seguir así. Pero en el camino hacia la conciencia tenemos que pasar por él, es un paso que no podemos ahorrarnos. Todos tenemos un cuerpo-dolor adormecido, que algún día despertará. No debemos tenerle miedo, porque precisamente es la conciencia la única que puede disolverlo. El dolor forma parte de la vida, es el necesario contraste para apreciar la felicidad y la paz. Arriesgarnos a atravesar el desierto de dolor que todos llevamos dentro es el precio a pagar por sentir la plenitud. Nuestra recompensa es la paz mental, la alegría, un corazón lleno de amor y el disfrute real de nuestra existencia.

La paz mental está más allá de las palabras. Es un estado de receptividad total. Nuestra frenética actividad mental y nuestra paz son incompatibles. Debemos relajarnos, pues en última instancia no necesitamos de la mente para comprender la verdad. Al contrario, el Mundo Real aparece ante nosotros cuando abandonamos nuestras rígidas estructuras mentales mediante la vía del silencio y la meditación.

Podemos elegir en cada momento la mente o la paz, el sufrimiento o la conciencia.

El amor puro (la compasión)

La compasión es el florecimiento absoluto de la conciencia.
OSHO,
sabio y místico hindú (1931-1990)

En el Mundo Real somos al fin libres. Antes de llegar aquí nuestra vida era dirigida por nuestras compulsiones y deseos. Ahora nuestros apremios han cesado y el amor verdadero brota en nosotros.

Los deseos y la pasión nos llenan aparentemente de energía, pero en realidad nos llevan directos a la inconsciencia. La satisfacción inmediata es lo único que tiene sentido en los momentos de intenso deseo. Sólo cuando vuelve la conciencia nos damos cuenta de que nos perdimos a nosotros mismos en ese apego. Son momentos en los que creemos rozar el cielo con los dedos, pero en los que más que nunca nos hallamos desconectados del Ser interior. Tanto la insatisfacción como el deseo forman parte de la naturaleza de la mente. Al superar el nivel mental nos alzamos por encima de estos ladrones de nuestra paz.

Al contrario que la pasión, el amor verdadero nos conecta con el Ser. La compasión o amor puro es un acto de compartir nuestra felicidad con todos los seres que nos encontramos y desear que todos puedan sentir lo mismo. La compasión es la consecuencia de haber realizado el viaje completo y haber llegado a la plena conciencia. La actitud meditativa, la ausencia de deseos, la gratitud, la paciencia, la ecuanimidad, vivir poniendo atención en los cinco sentidos y sin poner etiquetas mentales a lo que sucede, aceptar las cosas como son, deshacerse del apego, el odio y la ignorancia, plantar buenas semillas todos los días… Cuando hemos logrado alcanzar todas estas virtudes, de nuestro corazón bondadoso surge la compasión de forma natural. Si nos interesa solamente nuestra propia iluminación nos quedaremos a mitad del trayecto.

En el mundo occidental la compasión se entiende como una especie de lástima, pero la persona compasiva no es condescendiente sino que está llena de amor por los demás, siente en su propio ser la desdicha del otro, pero no se pierde en esa desdicha, sino que de ella nace el intenso deseo de aliviar la pena del que sufre. Si viésemos a una persona por la calle pidiendo limosna y nos diésemos cuenta de que es nuestro hijo, ¿qué sentiríamos por él? Seguro que una intensa lástima, pero a la vez un intenso deseo y determinación de ayudarlo inmediatamente. La compasión nunca se pierde en el sentimentalismo, actúa, y aunque siente por los demás, esta pena no le saca de su centro. La compasión es una identificación total con el dolor de los demás, comprendiendo que todos somos el reflejo de todos. El ser compasivo comparte de forma espontánea una sonrisa, un rato de su tiempo, un abrazo, coge a alguien de la mano cuando está sufriendo, le escucha atentamente o simplemente le hace saber que está ahí. Cualquier cosa que hagamos por compasión es adecuada.

El amor empieza en nosotros

El objeto de la práctica debe ser en primer lugar uno mismo. Vuestro amor, vuestra capacidad de amar a otra persona depende de vuestra capacidad de amaros a vosotros mismos.

BUDA

La compasión nace de alguien que siente un profundo amor por toda la existencia, y eso le incluye a él mismo. El ser compasivo siente que no hay separación entre él y los otros. Su trato es amable con todos por igual. El amor en nuestro corazón nos llevará a querer dejar de ser una fuente de dolor para nosotros mismos y para los demás. Nos animará a ocuparnos en primer lugar de nosotros, para recuperar nuestra propia paz y tener así capacidad de dar alegría y felicidad a los demás. Si nos estamos tratando a nosotros mismos con dureza, el amor no ha llegado aún al fondo de nuestro corazón. El agua de nuestra fuente tiene que manar limpia, de lo contrario no sería aconsejable compartirla con los demás. Aceptarnos como somos y encontrarnos a gusto en nuestra piel es esencial para poder hacer que otros se sientan bien.

En todos nosotros hay una herida de amor que tenemos que sanar. Es lo primero que debemos hacer consciente. Por una u otra razón en algún momento de nuestra existencia hemos sentido que no valíamos lo suficiente y hemos luchado por ser queridos y aceptados. Cada cual tiene un reflejo de esta herida en un área diferente de su vida, pero la herida se origina siempre en la ignorancia respecto a nuestra verdadera naturaleza. No sabemos quiénes somos, no nos experimentamos como seres de luz con un potencial infinito. Desconocer nuestro origen sagrado nos lleva a identificarnos con la imagen del miedo que nos marcaron a fuego. Algunas personas sufrieron abusos, malos tratos e indiferencia en su infancia. En ellos la herida es muy profunda, y la falta de amor recibida se traduce en una falta de amor inmensa por sí mismos que se puede traducir en tristeza, depresión o ira contra los demás. Pero no importa de qué forma se esté reflejando;

la curación es la misma para todos: si nos miramos en el espejo de la meditación veremos nuestra verdadera imagen y estaremos sanados. Curar esa herida es de vital importancia, pues es ese amor por nosotros mismos lo que se extenderá al resto de los seres.

Para ser amados es imprescindible amarse y respetarse en todos los sentidos, sentir que somos dignos de la abundancia del universo y que tenemos aptitudes para superar los contratiempos. La existencia nos ha dado un lugar aquí, tenemos derecho a ser felices. No dejemos que nadie tenga comportamientos abusivos con nosotros, hagámonos valer con nuestra presencia silenciosa pero firme. No entremos en inútiles luchas de egos. En la calma está nuestra fuerza.

Cuidar nuestro cuerpo físico, el templo donde reside nuestra alma, reflejará que nos respetamos y consideramos. Nuestro amor será correspondido cuando el amor por nosotros florezca. El amor, como todo lo demás, es un reflejo de nuestro interior. Para que el espejo refleje cosas bellas, éstas han de estar escondidas en algún lugar de nuestro ser. No debemos dejar de ocuparnos de nosotros mismos pues no tendremos nada que dar. Tampoco les debemos negar nuestro amor a los demás ya que de esa forma nos lo estamos negando también a nosotros.

La luz del amor vencerá a las sombras del ego

El amor y el ego son polos opuestos. El ego, es decir, nuestras conductas egoístas, controladoras y manipuladoras, nuestros juicios incesantes, nuestras compulsiones y emociones perturbadoras ocultan nuestros verdadero ser y no nos permiten sentir el amor que hay en nosotros. Pero el sufrimiento que nos causa el ego puede conducirnos a la comprensión. Y si comprendemos el sufrimiento lo acabaremos venciendo. Con sabiduría, al final la luz siempre vence. El amor es la energía de la felicidad; si amamos somos felices al instante, no existe recompensa más inmediata ni tampoco nada que nos haga más atractivos exteriormente. La felicidad es veneno tóxico para el ego. Si ésta crece en nosotros, el ego no la puede digerir e irremediablemente muere. Sé más feliz cada día y estarás envenenando a tu sufrimiento. Prueba la medicina de la felicidad y te curarás de tus tormentos y dolores.

El amor romántico

El amor romántico es una búsqueda de amor cuando aún no lo hemos encontrado en nosotros. En él hay un elemento de necesidad y de esperar del otro algo de lo que creemos carecer que no se encuentra en el amor puro. El enamoramiento es un apego más, es la exageración de las cualidades positivas de una persona que nos lleva a pensar que no podemos pasar sin ella. Lo que comúnmente llamamos relaciones de amor son generalmente relaciones de dependencia emocional, aunque este tipo de amor nos atrapa porque nos puede hacer sentir por momentos notas de la melodía del verdadero amor. Si las emociones que se desprenden de una relación son tristeza, odio, disgustos o violencia, ésta nos estará mostrando las diferentes caras de nuestro ego-miedo, no de nuestro amor. Si en nuestra relación no hay alegría no se trata de verdadero amor.

Amar a otro ser es una maravillosa experiencia; el otro nos refleja el amor que hay en nuestro interior. Pero para que una relación pueda ser un reflejo de nuestro amor, tenemos que llegar nosotros primero hasta él. En el viaje hasta nuestro propio corazón tendremos que desprendernos de todas las corazas con las que nos protegimos y quedarnos vulnerables, con el riesgo de que se reabran viejas heridas. Pero es preciso dejar paso a la vida, el dolor es preferible a estar muerto por tener un corazón cerrado.

El arte del buen amor, el amor incondicional

Cuando dos personas viven de forma consciente están preparados para tener una relación de amor incondicional. Hay otros muchos tipos de relaciones que nos permiten compartir nuestro amor puro: amistad, entre hermanos, padres e hijos…, pero esto va a depender de la profundidad de los sentimientos compartidos y de nuestro nivel de entrega. Es decir, en cualquier relación se puede dar el amor puro si al darlo nos llenamos por dentro, si somos felices por compartir sin esperar nada y si podemos amar a esa persona tanto como nos amamos a nosotros mismos, deseándole de corazón todo lo que queremos para nosotros.

Cómo demostrar nuestro amor incondicional

El hecho de querer a alguien de forma incondicional es una de las cosas más bonitas y poderosas que podemos hacer por otro ser humano. El amor incondicional supone no obligar a nadie a nada ni manipularle. Si sentimos este tipo de amor motivaremos a nuestros seres queridos para que sean libres de ser ellos mismos, y para que se sientan respetados siendo como son. Les convenceremos de que vivan su propia verdad. Poder ser ellos mismos les dará seguridad y un sentimiento de pertenencia al mundo. Estar con alguien que nos acepta totalmente es una fuente de sanación. Aceptemos a las personas como son, sin juzgarlas. Eso les liberará de culpas y de sentimientos negativos. Pero sobre todo, hagámosles ver que son personas muy valiosas.

El siguiente paso es intentar comprenderlas. Dice Thich Nhat Hanh que la comprensión es la esencia del amor. Se trata de observar profundamente a la persona amada, estar atentos para saber qué siente y por qué, cuáles son sus aspiraciones y sufrimientos. Comprender por qué alguien tiene determinadas reacciones nos ayudará a amarlo.

El amor incondicional es también alegría. Si en una relación entre dos personas ésta no se da, si sólo hay sufrimiento, no es amor verdadero. Se trata de no hacer sufrir a las personas que amamos y, si podemos, de aportarles alegría y felicidad. Démosles nuestro amor sin condiciones sólo por ser quienes son.

Por otra parte, el mejor regalo que podemos hacer a una persona querida es regalarle nuestra presencia consciente. Muy a menudo estamos demasiado ocupados y no disponemos de tiempo para las personas que están más cerca de nuestro corazón. Y lo peor de todo es que cuando disponemos de tiempo y finalmente estamos junto a ellos, no logramos estar ahí de forma consciente. Nos encontramos y no nos miramos a la cara, no nos preguntamos cómo nos sentimos, ni nos interesamos realmente por ver cómo nos va. No compartimos ni nos comunicamos con el corazón. Ya nos ocuparemos mañana o cualquier otro día. Es importante ser conscientes de que el mañana no existe y regalarles a nuestros familiares y amigos nuestra verdadera presencia cada día. Los regalos materiales de un padre a su hijo que ve poco son insustanciales para el corazón del niño. El dolor que provoca nuestra ausencia sólo se sana con nuestra presencia consciente. Ésta supone un gran alivio para su dolor. Prestar nuestro apoyo con nuestra presencia en los malos momentos es algo que no tiene precio para la persona que está sufriendo. Además de regalar nuestra presencia, podemos hacerles saber que el solo hecho de que estén ahí ya nos hace felices.

No ser queridos enferma a las personas. Los diferentes grados de falta de amor dan lugar a diferentes grados de enfermedad. Muchas personas están enfermas porque no han sido queridas nunca de forma incondicional. Con miedo, nuestra energía se contrae, deja de fluir y el corazón se cierra. La energía queda confinada dentro de nosotros y deriva en bloqueos y éstos en enfermedad. Volver a fluir es posible amando y siendo amado incondicionalmente. La persona que odia a los demás o a sí mismo necesita ser amada más que nadie. Sentir miedo y odio está en la raíz del mal que nos causamos unos a otros. Como ya dijeron sabiamente los Beatles en su canción, *All you need is love* (todo lo que necesitas es amor).

El ser humano necesita que lo quieran y que lo necesiten. Nuestra vida cobra sentido si somos importantes al menos para una persona. Nuestra alma necesita amor de la misma forma que nuestro cuerpo necesita comida. Todos necesitamos sentir afecto y ser besados y abrazados. Un niño sin afecto no crecerá sano, se sentirá triste y abandonado aunque su entorno sea materialmente rico. El amor es nuestro aliento vital y nuestras raíces para asentarnos bien en la vida. Sin él nos marchitamos como flores secas.

Cuando descubrimos lo precioso y sagrado que es nuestro ser, empezamos a sentir un profundo amor por nosotros mismos que inevitablemente se extiende hacia los demás. Todas las dificultades en el camino están ahí para que despertemos a la verdad de la existencia y a lo más importante que es amar. El sufrimiento es a veces necesario para aprender las cosas que realmente tienen valor. Necesitamos pasar hambre para conocer la bendición de tener comida. Sufrir es a veces necesario para conocer la felicidad. La ausencia de amor es necesaria para apreciar cómo se siente el amor verdadero.

Al nacer raramente nos enseñan a amar, porque todo el condicionamiento de siglos en este planeta es de odio. Desde la cuna nos enseñan a temer a todo. El miedo nos privó de confianza para echar a volar. Para llegar al amor necesitamos desaprender el miedo que adquirimos al nacer y vivir en sociedad. Somos como el enfermo en busca de salud que sabe que un día se sintió libre de dolor. Antes de ser condicionados por el miedo fuimos libres y plenos. El alma anhela sentirse de nuevo en esa totalidad. El amor se siente finalmente como una energía que fluye y que nos hace sentir bien; es la expresión de nuestro ser en plenitud. Esta energía se halla en potencia dentro de nosotros, pero no la hallamos porque miramos a través de los ojos del ego. Desde ese punto de vista mental, la vida nos causa miedo y confusión. Esa falsa percepción no nos deja sentir nuestra verdad más profunda.

Cada día podemos decidir abrir o cerrar nuestro corazón a los demás. Si decidimos amar, no nos importará no tener razón, ni tener el control, ni ser los mejores. Sentir amor será suficiente recompensa. Elegir el miedo, sin embargo, nos hará vivir con la energía de la que están hechas las pesadillas. El miedo no es real, pero si no somos conscientes de ello y lo vivimos como si lo fuera, nuestra vida se convierte en un mal sueño. Por el contrario, elegir el amor nos permitirá vivir con una energía de paz interior. Todos nosotros sin excepción estamos en un camino espiritual a la espera de reconocer quiénes somos. La vida nos pondrá en situaciones en las que tendremos que elegir el miedo o el amor. Si escogemos el miedo nos alejamos de nuestro ser, si escogemos el amor estaremos más cerca de saber quiénes somos. El amor nunca nos ha abandonado, somos nosotros quienes hemos decidido no amar.

El desarrollo espiritual es el aquietamiento de la mente para que se refleje el amor que se esconde en nosotros. Es relajarnos en lo que es, dejándonos guiar por la fuerza de una corriente que decide en última instancia cómo se desarrollan las cosas. Es ceder el control y confiar, sabiendo esperar pacientemente lo mejor y transformando lo que hay en el camino en algo que merezca ser vivido. En ese soltar el dolor desaparece. Es la mente con su resistencia a todo lo que convierte nuestra vida en un drama doloroso.

Mirando la vida a través de los ojos del amor percibimos la inocencia en todos los seres y la culpa desaparece. Ese cambio de percepción nos permite vivir nuestra vida desde la paz de nuestro espíritu. Necesitamos conciencia para ver que la realidad que percibimos es sólo nuestra percepción distorsionada por nuestras emociones conflictivas. Cuando amamos de verdad nos elevamos y comprendemos la magnitud de la energía que hay en nuestro ser profundo. Después de sentir ese tipo de conexión interior comprendemos que existe algo más que el cuerpo y la mente. El amor es eso que nos falta y que nos angustia no tener. Nuestro vacío existencial se llena sólo con amor verdadero. Buscamos otras cosas, pero aunque no lo sepamos estamos buscando amor, tan a menudo en el sitio equivocado. Dado que el amor ya está en el alma, es su pura esencia, no debemos buscarlo, sólo reconocerlo y aprender a vivir a través de él.

Al final del camino sólo quedará de nosotros en este mundo el amor que hayamos dado. Nuestro amor permanecerá intacto en el corazón de las personas que de verdad hemos amado y nos llevaremos con nosotros el amor incondicional que hayamos recibido. El resultado de una vida con pleno sentido es una cuenta corriente llena de amor.

> *Amar es estar presente.*
> THICH NHAT HANH

> *El sentido de la vida sólo lo encontramos cuando amamos.*
> ÁLEX ROVIRA

EPÍLOGO

La mariposa no cuenta por meses,
sino por momentos, y no le falta tiempo.
RABINDRANATH TAGORE,
artista indio, Premio Nobel de Literatura en 1913 (1861-1880)

Espero que después de haber leído estas páginas tengas ganas de empezar tu viaje particular. Puede llevarte toda la vida, pero no tienes prisa. La conciencia crece despacio, pero crece. Lo importante es que cada paso que des transforme tu vida para mejor. Si es así todo el esfuerzo irá teniendo un sentido. La luz en tu interior se encenderá después de un proceso de investigación personal mediante la meditación. Nadie puede encender tu luz. La felicidad duradera es el resultado de decidir cada día de forma consciente actitudes que son semillas de felicidad.

Al final de este camino de indagación personal descubrirás QUIÉN NO ERES y QUÉ ERES realmente. No eras la historia de tu vida con la que te habías identificado, una historia que incluía lo que te pasó y lo que eras en la relación a los demás y al mundo. Capítulos llenos de dolor y sufrimiento. En tu viaje a la plena conciencia hallarás que eres la conciencia desnuda; podías cambiar la historia y, de hecho, la puedes cambiar a cada momento, con nuevas interpretaciones. Cada nueva interpretación es otra falsa identidad. El Mundo Real sólo se aprecia al dejar de interpretar. Ninguna identidad que crea tu mente es real; solamente es real la conciencia que puede darse cuenta del proceso de identificación y disociarse de él. Tomamos como real el contenido de nuestros pensamientos, pero no lo son. Las interpretaciones generan sufrimiento porque todas parten del mismo punto ilusorio: el ego que interpreta, que es tan falso como lo interpretado, la primera y la última ilusión. Si podemos ver esto también veremos lo ilusorio del sufrimiento. Nada de esto es real. «Nada irreal existe».[1]

El despertar vendrá de forma gradual, entendiendo de repente cosas que en el pasado no entendíamos. Cada día podemos hacer un nuevo descubrimiento; lograr la plena atención en cualquier sencilla actividad es un pequeño despertar. Ver un árbol, una flor o un amanecer con esa atención nos puede cambiar para siempre. La verdad no es nada complicada, es, por el contrario, lo más sencillo del mundo. En este trayecto se trata de simplificar las cosas; no utilices todo lo expuesto aquí para complicar más tu vida, sería un error. Debes notar que tu vida se va simplificando, tus necesidades decrecen y, sobre todo, estás en el camino correcto si estás disfrutando cada día más de todas las cosas. Quizás un día llegará el gran despertar, pero eso no ha de preocuparnos. Ésa es la actitud con la que yo estoy recorriendo el mío. Solamente necesito saber que cada momento de mi vida cotidiana me ofrece la posibilidad de despertar, para seguir intentándolo cada día.

---

1. Famosa frase extraída de *Un Curso de Milagros*.

En esos pequeños despertares cotidianos empezaremos a ver lo esencial: que lo único que importa es cómo vivamos nuestros días, que esos días sean felices, que nuestro corazón esté alegre. Veremos a las personas que luchan por el dinero, el poder o la reputación, pero que no disfrutan de las cosas pequeñas como tomar el té, escuchar a un amigo, ver un amanecer, barrer el suelo, cortar las rosas del jardín, estar en silencio con la persona amada mirando la luna, escuchar los pájaros… Los veremos y pensaremos que su vida está ocurriendo pero ellos están ausentes, que al pensar en otras cosas están sacrificando su verdadera vida. La mayoría de las personas pasan por este planeta pero están viviendo en otro mucho más lejano de este que pisamos con nuestros pies pero que no conseguimos ver con los ojos de nuestra alma.

La cercanía a la muerte aporta frecuentemente un acercamiento a la verdad que hace a las personas darse cuenta de que lo terrible es estar muertos en vida: tenerlo todo y no verlo, no tener la capacidad de apreciar los pequeños trances de felicidad, las diferentes gradaciones que podrían enriquecernos por dentro a cada instante. Son momentos de arrepentimiento por no haber disfrutado más, por no haber amado más y por no haber vivido más cada segundo. Esas personas se dan cuenta de que muchos de nosotros vivimos como si ya estuviéramos muertos. Muchos de ellos quizás piensen que ya es tarde, pero nunca es tarde para empezar a vivir con plena conciencia si eso nos permite sentir la vida, aunque eso ocurra al final de la misma. Despertar a la vida es lo mejor que puede ocurrirnos. Dejemos que nuestra respiración serena y calmada nos devuelva a este ahora eterno. Observemos y agradezcamos la belleza y la abundancia que nos rodean. La felicidad empieza ahora mismo si dirigimos nuestra mirada de aprecio hacia lo que se halla ante nosotros.

Tomémonos la vida con más ligereza, riamos un poco más, empezando por reírnos de nosotros mismos. La risa es un indicio de vivir con plena conciencia. La seriedad destruye el alma y enferma el cuerpo. Por otra parte, comuniquémonos con las personas con amor y cariño, y escuchémoslas en silencio abriéndoles nuestro corazón. Y no dejemos de ser auténticos ni de vivir como sintamos que hemos de hacerlo. Vivir la vida que alguien ha pensado para nosotros es otra forma de estar muertos. Hemos venido aquí a vivir nuestra propia verdad, no a cumplir con las expectativas de nadie. Encontramos el sentido de la vida cuando interiormente sentimos que estamos aportando al mundo algo valioso.

Cuando contemplas la luna llena, si estás pensando en otra cosa, ni la luna llena ni tú estaréis presentes.

Al inhalar me tranquilizo; al exhalar, sonrío.
THICH NHAT HANH,
monje budista y escritor (Vietnam, 1926)

*Porque conocéis esta Eterna Morada, Esta Verdad,
estas realidades, porque habéis visitado este Reino, vivido
en él, gozándoos en él, deseo que permanezcáis en aquel
Reino, en aquel mundo real, para andar por él y después
volver a este otro mundo irreal, transitorio, para vivir aquí
constantemente en lo real. [...] Una vez hayáis entrado en
este Reino, una vez respiréis su frescura, quietud y sosiego, ya
no os será posible olvidar las cosas reales, las cosas que son el
aliento de vida, las cosas importantes. Ya nunca más dudaréis
ni volveréis a sufrir. [...] Sólo entonces seréis capaces de
enseñar realmente a las gentes lo que significa librarse de la
tristeza, de todas las menudencias que los perturban y abaten
en su vida diaria.*

J. Krishnamurti
El Reino de la Felicidad

Agradecimientos

Quiero agradecer de todo corazón a todos los maestros que a través de tantos y tan maravillosos libros me habéis guiado siempre para ayudarme a comprender los misterios de la existencia. Acercarme a mi propio ser me ha permitido acercarme al ser universal y a la esencia que comparto con todos los seres y con todo el universo. Los grandes maestros que me habéis acompañado sois muchos, y algunos me habéis abierto los ojos a la realidad más escondida de una forma sencilla y directa que comprendía fácilmente. Os he seguido con respeto y devoción: Lama Thubten Yeshe, Lama Zopa Rinpoche, Thich Nhat Hanh, Osho, Eckhart Tolle, Krishnamurti, Gueshe Michael Roach, Tenzin Palmo, Juan Manzanera, Pema Chödrön, Deepack Chopra, Lama Surya Das, Tensin Guiatso XIV Dalai Lama, Sogyal Rinpoche, Eknath Easwaran, Paramahansa Yogananda, Dhiravamsa, Dzigar Kongtrül, Charlotte Joko Beck, Chögyam Trungpa, Dilgo Khyentse Rinpoche, Ajahn Chah, Yongey Mingyur Rinpoche, Marianne Williamson, Álex Rovira, Raimon Samsó, Dr. Miguel Ruiz, y otros autores que aun no siendo maestros espirituales, me han aportado también muy valiosas enseñanzas, como la doctora en psicología clínica M. Jesús Reyes Álava, el psicólogo Michael P Nichols, o el psiquiatra y neurólogo David Schervan-Schrciber. Pero ha habido muchos más autores en casi veinte años de lecturas, los cuales me han ayudado a investigar sobre la mente y la existencia humana con el propósito de comprenderla y comprenderme. No puedo nombrarlos a todos, pero ellos me han transmitido las enseñanzas que me parecía estar recordando (de hecho, la verdad está ya dentro de nosotros, solamente tenemos que invocarla). Palabras que he leído con entusiasmo y que me han llevado a la comprensión de la realidad humana, alimentando y nutriendo mi alma. Han sido calmantes, estimulantes o aclaradoras, todo lo que en cada momento necesitaba oír. Siempre las palabras justas en el momento justo. Nunca necesité a nadie exterior que guiase mis pasos, siempre al abrir un libro, ahí estaba lo que necesitaba saber.

A través de vuestras sabias palabras me he dejado guiar y, gracias a ese conocimiento, he seguido viendo la luz en los momentos de tinieblas. Nunca habéis dejado de alumbrarme en el camino. Así que, en definitiva, sin vosotros nunca hubiera llegado a escribir este libro que espero llegue, a su vez, a alumbrar los pasos de otras personas en la búsqueda de ese conocimiento que les haga más felices, el fin más profundo de todo ser humano.

Habéis sido mi guía desde el principio hasta el final. A todos mi más sincera y total gratitud. Espero que sigáis guiando mis pasos hasta el final de mi viaje al Mundo Real.

Otros agradecimientos

Mi otra gran maestra ha sido la vida y las personas y los hechos que me han llevado a aprender, a veces con dolor, las cosas esenciales y las verdades ocultas. Las personas que me han dado su cariño, su amor y apoyo incondicional, y sin las cuales no sería la persona que soy, ni habría llegado hasta aquí son mi familia, especialmente mis padres, Juan y Piedad, que son dos seres excepcionales que viven por y para sus hijos y que son la lotería de mi vida. Para inspirarme en el amor universal he canalizado la energía del amor materno, que personifica a la perfección el corazón gigante de mi madre, y por añadidura el de mi padre. Mis dos hermanos, Carlos y Juan Antonio (Jota), y mi hermana, Eva, también han estado ahí siempre, dando el contrapunto necesario de sentido común a mi expansión y optimismo. A mi hijo, Dennis, con el cual estoy unida por lazos de amor infinitos y es mi mayor motivación. Todos tenéis un gran corazón. Os quiero mucho. Por extensión, agradezco también el cariño de todo el resto de mi gran familia, que es bastante amplia. En especial a mi prima M. Ángeles, por alegrarse tanto con mis alegrías y sufrir con mis penas, a mis cuñados Rocío y David, por estar siempre dispuestos a ayudar, a mi tía Tere, por su calidad como persona, a mi tía Estrella por su alegría, y a mi tía

Pepa por sus canelones y por ser tan auténtica. Luego están mis amigas, algunas de toda la vida, Amparo, Silvia, Espe, Tanja, Marga, Miriam, M. José, M. Jesús, Pilar, y sobre todo Ángela, por recordarme siempre que tengo que seguir trabajando, Mari por el café de la mañana más amoroso que conozco, y Marta por su apoyo incondicional en todos los momentos. Y mis nuevos amigos, que son numerosos y que también me han transmitido mucha energía positiva para este proyecto, de estos últimos me gustaría destacar especialmente a Toni y a Diego. A mis compañeros y compañeras del hospital de Sant Pau de Barcelona y a todos los que me habéis animado para acabar este libro. Y no podría dejar de agradecer a mi ex marido Wolfgang, por ser durante muchos años un ejemplo de ecuanimidad y de persona que vive en el presente. También agradecer a los grandes maestros de la vida que son los enemigos. A ellos les agradezco que me hayan ayudado a formar mi fortaleza interior, que es una de las grandes fortunas que un ser humano puede poseer. Y no por último menos importante hacer una dedicatoria muy especial a mi abuelo, el «papa Rafael», cuya alma vuela ya muy alto. Gracias de corazón a todo aquel que ha creído en mí. Especialmente a Milagros, por haberme puesto en contacto con Ediciones Obelisco. Gracias también a Juli, Giova, y Anna de Ediciones Obelisco por su bienvenida y por hacer que el camino hacia mi libro haya sido tan fácil. Y, por supuesto, a Ana Portolés, a mi amiga Marta Cañizares y a mi hermano J. A. Bayona por su inestimable colaboración. Espero poder compartir con muchas personas todo lo que he aprendido en estos años de introspección interior. Amor infinito.

Bibliografía básica

En casi veinte años de lecturas, muchos son los libros que me han alumbrado a lo largo del camino. He aquí una selección de los que han tenido más influencia sobre mí:

Akong Rinpoche, Dharma Arya. *El arte de domar el tigre.* Dharma, Alicante, 1997.

Álava Reyes, M.ª Jesús. *La inutilidad del sufrimiento.* La esfera de los libros, Madrid, 2003.

Arntz, William, Chasse, Betsy y Vicente, Mark. *¡¡Y tú qué sabes!? Descubre las infinitas posibilidades para cambiar tu realidad cotidiana.* Palmyra, Madrid, 2006.

Byrne, Rhonda. *El secreto.* Urano, Barcelona, 2007.

Chah, Ajahn. *Todo llega y todo pasa. Enseñanzas sobre la cesación del sufrimiento.* Oniro, Barcelona, 2006.

Chödrön, Pema. *Cuando todo se derrumba.* Gaia, Madrid, 2007.

—*Empieza donde estás.* Imagina, San Sebastián, 2005.

—*La sabiduría de la No-Evasión.* Oniro, Barcelona, 1998.

Chopra, Deepak. *La perfecta salud.* Vergara, Barcelona, 1991.

—*Cuerpos sin edad, mentes sin tiempo.* Vergara, Barcelona, 1994.

Coelho, Paulo. *El alquimista.* Ediciones Obelisco, Barcelona, 1994.

Das, Surya. *El despertar del Buda interior. Los ocho pasos hacia la iluminación. La sabiduría del budismo para occidentales.* Luz de Oriente (Edaf), Madrid, 1998.

—*El despertar del corazón budista. Integrar el amor y la conexión en las relaciones personales.* Luz de Oriente (Edaf), Madrid, 2004.

Dhiravamsa, Vichitr Ratna. *La vía del no apego. La Práctica de la visión profunda.* Los libros de la liebre de marzo, Barcelona, 1998.

Easwaran, Eknath. *Tu vida es tu mensaje.* Integral, Barcelona, 2000.

Espe Brown, Edward. *La cocina zen. Inspiradas recetas y sabrosas reflexiones.* Integral, Barcelona, 1998.

F. del Castillo, Beatriz. *La clave está en tus sueños. Símbolos de transformación.* Ediciones Edaf, Madrid, 2006.

Hanh, Thich Nhat. *El arte del poder. El secreto de la felicidad y la vida plena.* Oniro, Barcelona, 2008.

—*Hacia la paz interior.* Plaza & Janés, Barcelona, 1992.

Kirshnamurti, Jiddu. *El reino de la felicidad.* Sirio, Málaga, 1992.

Joko Beck, Charlotte y Smith, Steve. *La vida tal como es.* Gaia, Madrid, 2007.

Kongtrül, Dzigar. *Depende de ti.* Rigden-Institut Gestalt, Barcelona, 2006.

Kübler-Ross, Elisabeth. *La rueda de la vida.* Ediciones B, Barcelona, 1997.

Lynne Mctaggart. *El Campo.* Sirio, Málaga, 2006

—*El experimento de la intención.* Sirio, Málaga, 2008.

Mackenzie, Vickie. *Una cueva en la nieve. La búsqueda espiritual de Tenzin Palmo.* Integral, Barcelona, 2000.

Maclaine, Shirley. *Lo que sé de mi.* Plaza y Janés, Barcelona, 1990.

Manzanera, Juan. *El hallazgo de la serenidad. Cuentos, reflexiones y meditación.* Martínez Roca, Madrid, 2003.

—*El placer de meditar.* Dharma, Alicante, 2002.

Michael P. Nichols. *El arte perdido de Escuchar*. Ed. Urano, Barcelona, 1998.

Michael Roach, Gueshe. *El tallador del diamante. El buda y sus estrategias para dirigir tus negocios y tu vida*. Amara, Menorca, 2001.

Mingyur Rinpoche, Yongey. *La alegría de la vida. Descubra el secreto y la ciencia de la felicidad*. Granica, Barcelona, 2008.

Morgan, Marlo. *Las voces del desierto*. Ediciones B, Barcelona, 1995.

Morrison, Judith H. *Ayurveda. La medicina de la India. Las claves de la salud y la longevidad,* Ed. Martínez Roca, Madrid, 1992.

Osho. *Alegría. La felicidad que surge del interior.* Grijalbo, Barcelona, 2005.

—*De la medicación a la meditación.* Neo Person, Madrid, 2006.

—*El libro del ego. Liberarse de la ilusión.* DeBolsillo, Barcelona, 2007.

—*El sendero del yoga.* Kairós, Barcelona, 2006.

—*Vida, amor y risa. Una nueva visión de la espiritualidad.* Gaia, Madrid, 2003.

Rinpoche, Dilgo Khyentse. *Compasión intrépida*. Dharma, Alicante, 1994.

Rinpoche, Sogyal. *El libro tibetano de la vida y la muerte.* Urano, Barcelona, 1994.

Rinpoche, Zopa. *La puerta de la satisfacción.* Dharma, Alicante, 1995.

— *Transformar problemas en felicidad.* Dharma, Alicante, 1994.

Rovira Celma, Álex y Trías de Bes, Fernando. *La buena suerte.* Empresa activa, Barcelona, 2004.

Ruiz, Miguel. *Los cuatro acuerdos. Un libro de sabiduría tolteca.* Urano, Barcelona, 1999.

Russ, Michael. *Lo secreto ya no es secreto*. Ediciones Obelisco, Barcelona, 2007.

Samsó, Raimon. *Taller de amor, escuela de almas*. Books4pocket, Barcelona, 2008.

—*Volver a la alegría*. Ediciones Obelisco, Barcelona, 2005.

Servan-Schreiber, David. *La curación emocional*. Kairós, Barcelona, 2003.

Singh Khalsa, Dharma y Stauth, Cameron. *La meditación como medicina*. Diagonal (Grup 62), 2001.

Svoboda, Robert E. *Ayurveda. Medicina milenaria de la India*. Ed. Urano, Barcelona, 2007.

Tolle, Eckhart. *El poder del ahora. El camino hacia la realización espiritual*. Gaia, Madrid, 2001.

—*El silencio habla*. Gaia, Madrid, 2003.

—*Un nuevo mundo, ahora*. Grijalbo, Barcelona, 2007.

Trungpa, Chögyam. *Shambala: la senda del guerrero*. Kairós, Barcelona, 2004.

Yeshe, Thubten. *Claridad y vacuidad*. Dharma, Alicante, 2005.

—*Introducción al tantra*. Dharma, Alicante, 1995.

—*La realidad humana*. Dharma, Alicante, 1995.

—*Tara, la energía femenina que libera*. Dharma, Alicante, 1997.

Yeshe, Thubten y Rinpoche, Zopa. *La energía de la sabiduría*. Dharma, Alicante, 2002.

Yogananda, Paramahansa. *Donde brilla la luz. Sabiduría e inspiración para afrontar los desafíos de la vida*. Self-realization Fellowship, Los Ángeles (EE.UU.), 2001.

Williamson, Marianne. *A return to love. Reflections on the principles of a course in miracles*. HarperPerennial, Toronto, Toronto, 1996.

ÍNDICE

Prólogo de la autora...11

Prólogo de J. A. Bayona...19

Introducción 23

    Las razones de nuestra infelicidad....................23

    El porqué del viaje 25

Nuestro mundo mental irreal:
vivir en la inconsciencia...29

    La inconsciencia es el enemigo 31

    La conciencia en todo su esplendor: el valor

        del perdón...33

    Cómo es nuestro mundo irreal.........................36

    El cuerpo-dolor emocional: la inconsciencia

        profunda..43

La mente útil. El pensamiento como fuerza
creadora 49

    Los patrones mentales inconscientes.................55

    Objetivo final: de la mente (mundo irreal)

        a la no-mente (Mundo Real)...................60

Vivir en el Mundo Real de la plena conciencia............65

    Somos quien creemos ser, soñemos a lo grande.........69

Nueva comunión entre ciencia y espiritualidad..........73

La preparación del viaje 79
  Los hábitos..79
  Otros hábitos saludables importantes 100

Los caminos que llevan al Mundo Real 105
  Cambiar nuestra mente cambia nuestras
    circunstancias.. 106
  Cambiar nuestro lenguaje cambia nuestra mente.... 111
  Elegir con conciencia el contenido de nuestra vida . 114

La correcta actitud del viajero................................ 121
  De mártir a aprendiz 122
  El sentido del humor... 127
  La no-búsqueda de la felicidad 129
  La ecuanimidad: comprendiendo
    la impermanencia.. 132
  La gratitud 137
  La paciencia 140
  Vivir sin expectativas... 144

**El viaje hacia el Mundo Real. Métodos instantáneos
para abandonar la mente o Puertas de acceso
al ahora** 147
  La meditación: qué es meditar y por qué es
    tan importante aprender a hacerlo..................... 150
  La actitud meditativa. Aprender a ser testigo 167
  Dejar de aferrarnos a nuestras propias opiniones 170
  Conectarnos con los cinco sentidos 172
  La cocina como meditación................................... 181
  El silencio 186
  La belleza 192
  La aceptación de las cosas como son...................... 195

La escucha consciente.....................................199
Las crisis..205
La vida como un sueño 210

**El equipaje que nos sobra: el apego, la ira
y la ignorancia** 215
Deshacernos del apego 215
Deshacernos de la ira......................................220
Eliminar la ignorancia....................................225

Lo más importante para llegar........................231
El corazón del viajero, el corazón bondadoso..........231

Cómo recorrer el camino 237
Plantar las semillas adecuadas.......................237

La llegada al Mundo Real 249
La alegría 249
La creatividad..254
La paz 256
El amor puro (la compasión)..........................260

Epílogo 271
Agradecimientos 277
Otros agradecimientos 279

Bibliografía básica...281

Si estás interesad@ en mis cursos de meditación
y de crecimiento personal escríbeme a:

info@maitebayona.es
(para particulares o empresas)